全国54校园足球人才培养计划办公室·组织编写

U0837567

校园五人制足球教程

李春满　主编

中国出版集团　现代出版社

图书在版编目（CIP）数据

校园五人制足球教程 / 李春满主编. — 北京 ：
现代出版社，2023.1

ISBN 978-7-5231-0188-9

Ⅰ. ①校… Ⅱ. ①李… Ⅲ. ①足球运动－教材
Ⅳ. ①G474

中国国家版本馆CIP数据核字(2023)第016269号

主　　编：李春满
责任编辑：王志标
出版发行：现代出版社
地　　址：北京市安定门外安华里504号
邮　　编：100011
电　　话：010-68467325　　64245264（传真）
网　　址：www.1980xd.com
印　　刷：天津科创新彩印刷有限公司
开　　本：710mm × 1000mm　1/16
印　　张：14
字　　数：242千字
版　　次：2023年1月　第1版　　2023年2月　第1次印刷
书　　号：ISBN 978-7-5231-0188-9
定　　价：68.00元

《校园五人制足球教程》
编写委员会

主　编： 李春满　北京体育大学中国足球运动学院教授、博士生导师
全国青少年校园足球专家委员会副主任委员

副主编： 董午志　北京体育大学中国足球运动学院讲师、
中国足球协会讲师
高胜杰　北京体育大学中国足球运动学院博士
张先达　北京体育大学中国足球运动学院博士

成　员： 侯明岳　北京体育大学中国足球运动学院硕士
叶煜昊　北京体育大学中国足球运动学院硕士
许浩桢　北京体育大学中国足球运动学院硕士
杨　楠　北京体育大学中国足球运动学院硕士
吴啸天　北京体育大学中国足球运动学院硕士
吴屹鑫　北京体育大学中国足球运动学院硕士
金红军　北京体育大学中国足球运动学院硕士

全国 54 校园足球人才培养计划
指导委员会

主　任

何占强：中国关心下一代健康体育基金会副秘书长

李春满：北京体育大学中国足球运动学院教授、博士生导师

全国青少年校园足球专家委员会副主任委员

委　员

鲍克伟：全国 54 校园足球人才培养计划 执行主任

陈　昱：全国 54 校园足球人才培养计划 秘书长

董午杰：北京体育大学中国足球运动学院讲师、中国足球协会讲师

高胜杰：北京体育大学中国足球运动学院博士

张先达：北京体育大学中国足球运动学院博士

NTRODUCTION

前 言

党的十九大以来，“健康中国”成为国家战略，振兴三大球作为体育强国的建设重点以及建成标志，得到全国人民的广泛关注。足球作为世界第一大体育运动，在中国有着众多拥趸。为了夯实发展基础，提高中国足球的整体水平，校园足球的地位和作用在《中国足球中长期发展规划（2016—2050年）》中得到了巩固和确认。在校园足球如火如荼的发展过程中，既取得了丰厚的成果，又暴露了需进一步改善的问题。为促进校园足球的开展和普及，针对十一人制足球固有的场地要求高、整体战术复杂、专业足球教师缺乏的问题，本书介绍了一种不同于标准室内五人制足球比赛的简易五人制比赛。希望通过校园五人制足球比赛的介绍，能够帮助学校有规划、有目的地开展和普及足球运动，让更多的学生及其家长甚至是社区人员有机会享受足球运动带来的乐趣。

本书共五章，可以分为两个部分，第一章、第二章是理论部分，第三章、第四章、第五章是实践部分。理论部分是实践部分的指导，实践部分则是理论部分的具体表现和细化。理论部分为学校领导和教师勾勒出校园足球五人制应具备的内涵和外延；而实践部分则通过练习方法的设计，使理论部分有迹可循。

理论部分主要介绍了校园五人制足球比赛的相关概念、分类、特点、功能价值、目标、原则理念，以及通用性更强的简化版规则。理论部分的写作重点不在于对校园五人制足球比赛各种技战术进行操作性解释，而是要强调校园五人制足球比赛是什么、为什么开展和怎么做，旨在给学校和教师以较为宏观的指导，帮助其认识到五人制足球比赛的本质价值和社会价值。这可以给学校和教师拓展校园五人制足球比赛的社会影响，凝聚更广泛的社会合力，为学生创造更好的物质条件与文化氛围提供愿景和思路；同时，理论部分的内容可以为教师选取实践部分的练习方法、组织比赛提供有益的指导，是教师安排练习和比赛的来源和依据，帮助教师将足球课程进行有针对性的安排和组织。

本书的实践部分是在理论部分的指导与规划下完成的，诸多练习方法是固定的，而教师和学生都具备主观能动性。教师在教学过程中根据实际情况需要对练习方法进行调整，而调整也应该以理论部分的指导与建议为依据。因此，学校和教师应该充分理解理论部分的精神内涵，并以此指导实践工作的开展。

实践部分主要分为技战术练习方法、体能练习方法和其他小型比赛设计。技战术练习方法部分，本书按照个人、小组以及整体技战术的逻辑顺序划分难度进阶，说明了每个练习侧重的技术内容，并给每个练习以难度评价，可以更好地帮助学校教师选取符合学生年龄阶段与水平层次的练习方法。本书选择使用模块化的练习方法，安排方式取代了以往采用的整套课程内容呈现的方式，这样使得练习方法的选用与组合更加自由灵活。在体能练习方面，本书规避了对力量耐力等素质的练习方法设计，一是在比赛的对抗中已经基本满足了学生对于力量练习的要求；二是在非足球项目的一般体育课程中，这两项素质都会被重点安排。因此，与足球项目更加密切相关的，更能综合地提高学生运动能力的协调、灵敏和速度素质的练习方法是设计的重点。最后的其他小型比赛部分，则是五人制比赛的补充，丰富了比赛的形式。由1V1到4V4的比赛，重点锻炼到学生不同的能力，使得教师能更好地帮助和指导学生完成能力的提升和阶段的衔接。所谓寓教于乐，正是这些比赛的目的。实践部分为广大教师提供了现成的练习方法以供借鉴，但学校之间的客观条件不同、学生年龄水平各有差异，需要各位教师按照理论部分写明的原则、理念进行调整，切忌生搬硬套。

总之，希望本书能够帮助学校和教师在校园中更好地开展和普及校园五人制足球比赛及相关练习。并且学校应该更好地承担起社会责任，通过开展好校园五人制足球比赛，带动学生及其家长、所在社区的足球参与，建设良好的足球文化氛围。使得校园足球真正担负起其立德树人、做大根基、夯实基础的伟大使命，成为支撑中国足球蓬勃发展的良田沃土。

CONTENTS

目 录

第一部分

理论阐释

第一章
校园五人制足球比赛的概念与原则

一 校园五人制足球比赛的概念及分类

1. 概念

五人制足球比赛是指区别于十一人制足球比赛，每队由包含1名守门员在内的5名队员参与的足球比赛。五人制足球比赛起源于20世纪30年代的南美洲，时值城市化浪潮的乌拉圭首都可供青少年进行足球运动的场地被林立的高楼取代而变得日益稀缺。因此，蒙得维的亚的一名体育教师胡安·卡洛斯·塞里亚尼结合篮球等项目的规则，开创了新的足球比赛方式。与此同时，在巴西街头，也出现了类似的足球运动形式，五人制足球运动由此在南美大陆如雨后春笋般快速普及开来。1936年，首套适用于五人制的竞赛规则在巴西圣保罗出现，这标志着室内足球五人制比赛，独立于十一人制足球比赛并逐步发展。随后，最早的室内五人制权威机构于1954年诞生，其名为“五人制城市联盟”。不久之后，首个专业从事五人制赛事运营和管理的机构——国际室内足球联合会于1971年在巴西正式成立。其首任主席阿维兰热先生于1974年担任了国际足联主席，也正是在他任职期间，国际足联于1988年正式接管了国际室内足球联合会，并确定举办每四年一届的五人制世锦赛。至此，室内五人制成为国际足联的正式比赛项目。2008年国际足联正式将巴西五人制锦标赛更名为“五人制世界杯”，室内足球五人制比赛迎来了新的发展机遇。

由此我们可以对五人制足球比赛的内涵予以总结，五人制足球是脱胎于十一人制，为了适应城市现代化发展而演变出的，一种适合于在人口密集、标准场地欠缺的城市中进行的，每队由5名队员参与的一种足球比赛。五人制足球比赛的场地小，采用低弹球或气压较低的球。国际足联管理的五人制比赛主要在室内进行，而在草根足球及校园足球领域许多五人制足球比赛依然在室外进行。五人制足球比赛具有基于十一人制足球比赛而又借鉴了其他项目的独特规则，尽管为了便于在群众中开展五人制足球比赛，部分机构对五人制足球规则进行了适当的调整，但这种独特的规则仍然是五人制独特乐趣的来源。五人制除了在南美地区经过数十年发展，备受欢迎，在世界的其他国家或地区，五人制足球比赛也受到了普遍欢迎，得到了开展和普及。

五人制足球比赛发端于南美，兴盛于世界。根据国际足联的统计，截至2000年，就有160个国家参与了室内五人制世锦赛及后来的五人制世界杯。欧足联于1996年首次主办欧洲五人制锦标赛，2001年五人制欧洲冠军联赛亦开始举办。欧洲国家中开展五人制足球比赛较好的国家主要是西班牙、葡萄牙等国家以及距其较近的地中海沿岸其他国家（如意大利）。西班牙俱乐部曾6次获得五人制欧冠冠军，而意大利举国上下有约14000个五人制足球俱乐部。英国、德国等起初并不重视五人制足球比赛的国家，也逐渐加强了对该项目的推广。许多欧洲国家的足球俱乐部会鼓励队员在冬歇期进行室内五人制足球比赛以保证竞技状态。

亚足联于1999年开始主办五人制的洲际比赛，亚洲国家中的伊朗和日本也普遍利用五人制足球比赛发展其运动员尤其是青少年运动员的技术能力。而我国五人制足球比赛的开展则相对较晚，2003年起才主办了由6支球队参与的五人制甲级足球联赛，直至2016年才开始主办五人制超级联赛。受锦标主义思想的影响，作为非奥项目的五人制足球比赛在国内依旧不温不火，尽管在草根足球领域，得益于场地的特点，小型比赛尤其是五人制足球比赛开展较为广泛，但是在高水平职业足球领域，不管是球迷的关注度还是企业政府的支持都集中在十一人制足球比赛而忽视了五人制足球比赛。但总体来说，通过开展五人制足球比赛及相关练习，是可以培养出优秀的十一人制足球运动员的。因此，五人制足球比赛应该得到推广，尤其在校园中可以发挥其在推广、普及足球运动，鼓励参与、教育学生的重要作用。

2. 分类

五人制足球比赛分类标准大致与十一人制相同，主要可划分为职业足球比赛、女子足球比赛、青少年足球比赛以及“草根”足球比赛等。总体来说，按以上标准进行区分的各类比赛中，除了在规则范围内对比场地大小、比赛时间进行调整外，通常都严格执行国际足球理事会、国际足联及相关权威机构审定的足球竞赛规则，在调整时也要严格遵循规则的限定进行。然而，室内五人制足球竞赛规则中，有些规定较为烦琐，对场地、器材以及专业人员有较高的要求，在开展群众性足球活动或校园五人制足球比赛时，难以满足全部要求。因此，在组织五人制足球比赛时，为了开展和普及的需要经常对规则进行简化，是否对规则进行简化，是五人制足球比赛独特的比赛划分标准。下文将重点关注这一划分标准，并将五人制足球比赛按是否严格执行五人制足球竞赛规则分为标准五人制足球比赛和简易五人制比赛。

标准五人制足球比赛，是指严格执行国际足联审定的五人制足球竞赛规则，在裁判员及记录员的监督下进行的五人制比赛，一般在室内进行。标准五人制足球比赛必须采用符合标准的木质材料或人工材料的场地，使用低弹球，并且符合国际足联比赛标准。标准五人制足球比赛的3名裁判员必须持有足球管理机构认定的五人制足球裁判证书，并且需要有计时员协助计时，比赛过程至少有1名比赛监督员监督完成。标准五人制足球比赛对场地、器材以及专业人员要求较高，尤其是目前我国持有足球裁判证的体育教师不占少数，却鲜有具有五人制足球裁判执法资格的足球教师，这使得在校园足球领域很难开展和普及。

简易五人制比赛是指不完全执行国际足联审定的五人制足球竞赛规则，对比赛规则的要求进行简化以满足开展和普及需要的五人制比赛形式。在对五人制规则进行简化时，通常的思路是在五人制比赛中删减异于十一人制比赛规则的部分，如不采用净时间，不采用累计犯规及大点球规则等。如果部分学校具备开展标准五人制足球比赛乃至室内五人制足球比赛的场地及器材条件，并愿意聘请专业的五人制裁判员及相关专业人才，则可以参考中国足协审定的最新室内五人制足球竞赛规则。由于简易五人制比赛在保证比赛对抗性、流畅性、趣味性的基础上，增加了其开展便利性及普及性，适应了校园足球的发展需要，所以本书将重点介绍简易五人制比赛的开展和组织方式，并列出从个人到整体的五人制技战术及体能训练方法，以帮助和指导各学校开展和推广足球运动，让更多的学生享受足球运动的乐趣。

二 五人制足球比赛的特点

五人制比赛的特点是指五人制比赛区别于十一人制足球比赛的独到之处及特别之处。其特点主要体现在以下六个方面：场地器材、时间、规则、技战术、体能及心理认知。本节将对五人制这六个方面的特点进行介绍。

1. 比赛场地小，便于开展

根据五人制足球竞赛规则，五人制场地尺寸应满足以下条件：场地长25～42米；场地宽16～25米。场地上表现及标记的规范应如图1-1所示。

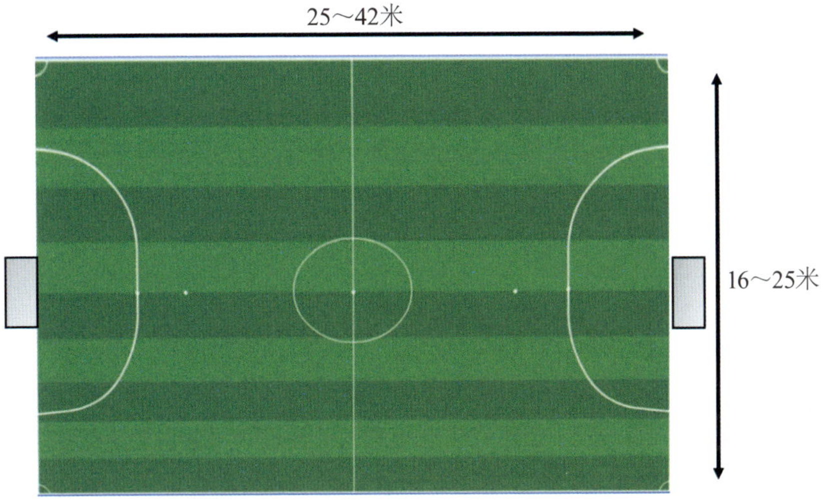

图　1-1　室内五人制场地图

五人制比赛场地面积最大为1050平方米，是最小标准十一人制足球场面积的近四分之一。而通常国际正规比赛采用的比赛场地长40米、宽20米，场地面积800平方米，在学校开展五人制足球比赛时，教师则可以根据学生的年龄及水平，适当地调整场地大小。五人制足球比赛采用的器材也不同于十一人制足球比赛。五人制比赛球门宽3米、高2米，体积较小且重量较轻，便于保存和移动。这提供了综合利用场地的便利，降低了开展校园足球对场地的需求。年龄较小的队员，可以利用塑胶篮球场地进行五人制足球的练习。五人制比赛采用4号低弹球，体积小、重量适中、反弹力小，给了队员更多触球机会。五人制足球各年龄段使用同样大小的足球，节省了准备及更换不同尺寸足球的成本，减少了开展校园足球活动的客观条件限制。五人制足球比赛因其场地器材便捷的特点，较少受到客观条件的限制，在经济发展及校园足球开展水平不同的各个地区都可以开展和推广。

2. 比赛时间安排灵活

教师可以根据教学需要调整比赛时间，更加符合学校教学需要。根据国际足联五人制足球竞赛规则，比赛应分为两个20分钟相同时长的半场，并且比赛计时采用净时间。而爱尔兰等国家采取了以青少年发展为核心的竞赛理念，将比赛分为4个10分钟相同时间的节次或3个15分钟时间相同的节次。这极大地满足了校园足球开展过程中根据不同年龄段不同水平的学生球员的生理特点调整比赛时间的需求，并且校园足球的开展受制于课程时间及课余时间，因此，五人制足球比赛时间安排灵活的特点适于在校园中开展与普及。

3. 形成了独立规则

五人制足球，之所以能独立于十一人制足球成为正式项目，本质在于五人制规则的独立制定与发展完善。五人制竞赛规则与十一人制相比有许多特殊的规定，其中既有便捷易行、促进参与的，又有复杂烦琐、不易理解和运用的。使比赛规则比较复杂。

首先，在便捷易行促进参与的规则中，效果最显著的是换人规则。五人制足球竞赛规则允许球队在比赛进行中换人且换下的队员可以再次上场，这既简化了换人程序，保证了比赛的流畅，又在一场比赛中给了更多队员参与比赛的机会，也符合青少年生理、心理的发育特点。五人制的此款规则，促进了五人制足球在以立德树人为根本、体验乐趣为目标的校园足球开展中发挥不可或缺的作用。

其次，五人制规则中较为复杂的有以下几条，第一是比赛净时间规则，即通过计时器记录的比赛进行时间；计时员在比赛停止或因任何原因中断时停止计时器。第二是2分钟离场规则，即球队在场上队员被罚令出场后，场上队员人数减少2分钟的规则。第三是累计犯规及大点球规则，即累加场上队员做出的可判为直接任意球或球点球的犯规，每队犯规第六次及以后，在第二点球点踢点球的规则；在上半场比赛和下半场比赛时，双方球队的记录从零开始被累加。第四是超人守门员，即（临时）充当其他位置队员角色的守门员，通常放弃防守本方球门位于对方半场。第五是守门员本方半场接持球限制规则及守门接回传球限制规则。主要的规则差异如上所述，其余细微的差异便不再赘述。

最后，有利于五人制足球开展、普及的规则条款，应该予以保留。而其余规则的复杂性使得在五人制比赛中严格执行国际足联五人制竞赛规则较为困难，需要受过专业培训的五人制裁判及计时员共同保证比赛的顺利进行。而且，初次接触五人制足球比赛的校园，学生也会难以适应这种与传统十一人制竞赛规则差异较大的比赛形式，导致学生队员常因无意的犯规使得比赛频繁中断，致使比赛的流畅性及趣味性有所下降。因此，在校园中开展五人制足球比赛往往会根据实际情况，在不触及五人制足球根本的基础上，对规则进行简化。对上文提到的条款进行调整和简化，应以有利于开展和普及足球运动的需求为准则。

4. 技战术有其特色

五人制足球的技术有其独具特色的部分，具体表现为比赛中断少、队员触球次数多、个人技术运用频度高，技术运用倾向与十一人制不同，技术要求准确、快速且全面的特点。

一是五人制足球比赛中断少。根据中国足协统计数据在五人制比赛中，比赛停止的占比是8%，要低于十一人制的34%；队员平均触球次数是十一人制的5倍；1V1机会五人制是十一人制的4倍以上；五人制比赛平均每2分钟就可以进1球，而十一人制的比赛，场均3球已经是极高的进球率。五人制比赛中，传球、运球以及传一接一运的技术组合运用也更为频繁。流畅的比赛和频繁的人均触球，有利于增加学生参与足球的乐趣；大量的在比赛中运用技术的机会，有利于提高学生的技术熟练度以及技术运用的合理性；1V1突破机会、射门机会与进球的增加，则有利于提高学生的自信，满足其自我展示的心理需求，以激励学生参与足球的动机。

二是与十一人制足球相比，五人制足球在技术运用倾向上有所不同。在五人制足球比赛中，队员多用脚底进行接控球，以此将球保持在距身体较近的位置；在运球时，五人制球员也较多地运用拖拉球技术，这一技术的运用既可以保证将球控制在自己的脚下又能及时将球传给队友；在传球时，五人制球员多采用挑球技术，以充分利用场地的立体空间；射门时，五人制球员时常运用捅射技术，这项技术一方面提高了射门的隐蔽性，另一方面也保证队员在无法充分摆腿的情况下增加射门球速。五人制足球较小的场地和较重的低弹球，使得队员需要在较大的防守压力下保持对球的控制的同时，用快速准确的传球以及迅速的轮转换位调动防守队员。这使得五人制足球在队员技术运用的速度及准确方面要求更高。并且，五人制足球比赛中对原位置划分并不像十一人制足球比赛那样明确，队员需时常进行位置轮换，共同承担进攻和防守任务。因此，五人制比赛还要求学生掌握和运用的技术更加全面，不可有纰漏和弱点。

表1-1　技术运用统计表

精英运动员	五人制（4×4分钟）	十一人制（90分钟）
1对1次数	25.1	16
传球成功率	73.5%	78.8%
总失去球权数	13.2	9.6
总获得球权数	36.5	51.8

三是在防守方面，五人制足球比赛亦有其特点。五人制足球比赛中队员较少使用争顶球技术，而多使用断球、抢球技术。根据统计，高水平运动队在一场比赛中场均运用争顶球技术仅4.5次而场均运用断球、抢球技术的次数为58次。由于场地小、人数少，以及球的特点使得长传球的运用次数很少，因此争顶球的运用也较少。对于校园中训练基础较薄弱的学生来说，争顶球可能导致的空中对抗增加了该项运动的危险性，并且由于年龄段较小的学生的生长发育特点并不适合进行头顶球技术的学习，所以争顶球技术运用的减少既使得比赛的危险性不至于因对抗的激烈而提升，也符合了学生的生理需要。断球要求队员提前判断对手的传球意图，提前移动以完成断球，而抢球是防守队员直接从进攻队员对球的控制下进行争抢的行为，需要防守队员熟练掌握防守技术，选择防守站位，判断上抢时机完成抢球。这两种技术都属于积极的防守技术，这两项技术的运用往往以获得球权为首要目的，并以此获得反击以形成多打少的机会。所以，五人制比赛还具有防守积极的特点，较十一人制比赛更能培养学生主动防守的意识。

在防守战术方面，五人制比赛中围抢出现较多。据统计，高水平比赛中，场均可以出现5次以上。围抢是指通过防守行为形成二防一的局面的防守战术。在五人制比赛中，除守门员外双方仅有4人进行攻防，尽管攻方队员会通过不断地跑动移动突破防守，但如果防守队员之间沟通呼应，通过防守限制攻方队员形成围抢，进而可能形成快速反击。相较于十一人制比赛中的整体防守较为复杂，通过集体及小组防守战术可以较多地形成局部多防少的局面，但形成二抢一的局面非常困难。在五人制比赛中，较少的人数使得可能形成围抢的场景出现较多，可以让学生更多地在比赛中识别场景并体验围抢战术成功和失败的原因，此种积极防守战术的运用则会帮助队员建立积极防守的意识。

五人制比赛中防守战术的运用更加丰富。十一人制比赛中，由于场地较大，在防守中往往采用区域防守，要求防守队员保持阵型，与队友间保持适当的距离并根据对手控球的区域进行整体移动，只有在任意球等特殊情况下才会使用盯人防守或区域结合盯人的防守战术。而在五人制比赛中，人盯人的防守战术与区域防守一样得到了重视。人盯人防守可以更有效地减少空位漏人的情况以及增加对对手的压迫，在本方队员1V1能力较强的情况下运用积极的防守可以有效增加夺回球权形成快速反击的机会。但是，盯人防守存在体能消耗较大以及形成协防困难的缺点，在队员体能下降或个人能力较弱时需要进行区域防守，利用区域防守便于形成协防和节省体能的优点，限制对手的进攻。区域防守要求队员能预判队员的传球意图及识别场上较为危险的区域。五人制比赛要求队员掌握两种特点不同的防守战术，并根据场上情况及教练的指导进行转换，这就有利于提高队员的战术能力及阅读比赛的能力。

四是五人制足球在战术方面，攻防两端及转换过程都有其特点。五人制进攻战术具有轮转频繁、小组战术形式与十一人制大体相似但战术运用次数多的特点；防守方面具有局部围抢战术运用较多以及人盯人战术、区域防守战术的选择运用等特点；转换上，具有转换频繁且迅速的特点。

五人制足球比赛中，由于存在半场回传规则，因此阵地战大都集中在一个半场内。这使得五人制比赛中阵地进攻面对的防守更加密集、对抗更加激烈，为了突破对方的防守，进攻队员需要不停地轮转换位，适时地选择拉开宽度、占据底角，或向中路跑动、占据关键位置与队友进行策应等跑动方式，以创造出有利于进攻的空档，这将有利于学生建立时间与空间以及位置轮转的战术意识。

五人制足球比赛中，常用的小组战术形式与十一人制足球比赛大体一致，其战术思路也是围绕着时间与空间进行的。五人制比赛中常用的墙式配合、后套、交接等战术形式与十一人制的小组配合一致，五人制比赛中三人配合的思路也与十一人制比赛的局部配合一致，都需要队员间的协同配合，创造时间与空间。接触五人制足球比赛并通过五人制比赛提高小组战术意识的学生，在之后的足球生涯中不论接触十一人制足球还是继续从事五人制足球比赛，都具备了一定的优势。五人制比赛需要队员频繁地使用小组战术。在五人制比赛中，进攻队员需要频繁地使用小组进攻配合，打破防守的平衡，才能在狭小的场地内寻找到射门得分的机会；同时，较少的人数也使得单次小组配合成功后获得收益的可能性更大，这也就激发学生积极识别场景、运用配合，以获得更好的战术配合效果。

五是五人制比赛攻防转换的次数多、速度快。这也是由于五人制场地及技战术特点导致的，频繁地攻防转换有利于锻炼队员的攻防转换意识。另外，攻防转换是一种综合能力的体现，一方面是攻防转换对速度、耐力以及灵敏等综合素质的需要；另一方面五人制比赛对攻防转换的战术意识提出了更高的要求，比赛需要队员识别守转攻的机会，以及弥补防守空档的攻转守的能力。十一人制比赛中，一条线在转换中出现失误还可能通过其身前或身后其他队友的战术行为予以弥补；而五人制比赛中，场上大多只有4个人，失败的转换及滞后的转换意识可能导致来之不易的机会转瞬即逝、送给对手破门良机甚至使本可毕其功于一役的局面功亏一篑。因此，学生在比赛中更会感受到转换的重要性，建立快速攻防转换的意识及能力，所以这种频繁以及迅速的攻防转换是对所有能力的综合应用与提高。

5. 对体能的要求

在体能方面，五人制比赛具有强度大、较为激烈但持续时间短、间歇较多、变相变速频繁的特点。这种运动形式符合青少年及儿童的生理特点。青少年及儿童的心血管特点决定了他们可以承受一定量的运动但负荷不宜过大，一般少年儿童对强度较大且持续时间较短的运动有一定程度的适应。同时，青少年及儿童的神经系统具有兴奋度较高但持续时间短、可塑性强、恢复速度快的特点。现代十一人制足球一方面需要队员很强的有氧能力，保证其在有限的时间内能够尽快恢复，并坚持完成90分钟的长时间的比赛；另一方面，为了获得比赛的胜利，比赛对队员无氧能力的要求越来越高，需要队员具有反复高强度跑动的能力。而青少年及儿童的心血管及肌肉发育程度显然不适应高强度的十一人制比赛，因此五人制比赛对学生的生理需求更符合青少年身体发育的特点（见表1-2）。

表1-2　跑动距离统计表

跑动/人数	五人制（4×4分钟）	十一人制（90分钟）
冲刺跑距离（米）	382	295
高强度跑距离（米）	483	353

另外，对于青少年来说，其神经系统发育较为迅速，因此应关注学生在此阶段协调、灵敏以及速度素质的发展。五人制足球比赛的场地小、参与人数少、比赛节奏快，队员在场上变向、折返、曲线以及折线跑运用的机会较多，这些跑动形式需要全身肌肉协调发力，有利于提高学生协调、灵敏以及速度素质。尽管五人制足球比赛强度大、冲刺多，但研究结果显示，系统进行五人制及类似的小型比赛可以有效提高球员的VO_2max（最大摄氧量），因此，五人制比赛是一种有效的有氧训练方法，也符合此年龄段青少年应适当发展有氧能力的需求。

6. 有利于青少年形成健康的心理认知

由于五人制足球比赛的技战术特点，其在心理认知方面可以满足学生追求乐趣、归属集体、展示自我的心理需要，激发起参与足球运动的动机，并能起到促进学生在时间紧迫条件下进行决策的认知能力。

五人制足球比赛以其场地小、参赛人数少的特点，给了每个队员更多的触球机会、运用技术机会以及射门得分的机会。众所周知，足球运动最大的乐趣所在正是成功过人后的满心欢喜、射门得分刹那的欢欣鼓舞以及力挽狂澜于既倒的惊心动魄。五人制足球比赛本身就是一项随时充满挑战同时更具乐趣的比赛项目，给予学生更多类似的体验，这可以充分满足学生参与运动追求乐趣的心理需要。

五人制足球是一项集体运动，学生在场上参与比赛必然要归属于一支团队，其在场上的行为表现最终也是为了团队的胜利，这也就满足了学生归属于团队的心理需求。在五人制比赛中，队员1V1的机会多，触球机会多，运用各种技战术的机会多，这就给了他们精彩发挥、自我展现的机会。因此，五人制足球比赛更有利于激发校园中热爱足球乃至初识足球的学生参与足球运动的热情，并在进一步的训练中形成其终身体育的良好习惯，以逐步实现增加足球人口，扩大足球基础，最终实现体育强国梦。

除了在激发动机增加热爱方面的作用，五人制足球比赛还在培养学生正确对待胜负的能力以及提高决策能力等方面有其特点。

正确面对胜负是许多竞技体育参与者具备的心理能力。五人制比赛单场时间短、场次多，需要学生学会正确面对胜败并在一场比赛后迅速调整心态，这有利于帮助学生形成宠辱不惊，合理看待胜负的良好心态；五人制比赛单场进球数较多，双方比赛比分变化迅速，整体比赛态势瞬息万变，需要学生具备根据场上形势合理应对领先与落后并迅速做出调整的能力，这就使得五人制比赛可以更好地锻炼学生临危不乱、处变不惊、胜而不傲的良好心态。总之，五人制比赛在教师的正确指导下，可以帮助学生形成胜不骄、败不馁，直面生活起起伏伏的强大心理，为其今后的学习及生活练就稳定的心态。

在提高学生决策能力的方面，五人制足球有其与十一人制足球不同的特点。五人制场地更小，进攻面对的防守压迫更强，需要学生在更短的时间内进行观察和决策，这就要求学生形成提前观察的良好习惯并能锻炼其快速决策的能力。另外，五人制比赛中，单次决策成功与否的反馈更加直接和快速。十一人制比赛中，队员的一次决策失误的后果可能在数脚传球后才能显现出来，而在这个过程中可能又会叠加其他队员的失误以及对方队员的失误，从而掩盖了队员最初的决策失误，即使他最初的决策失误是球队蒙受损失的罪魁祸害，而这一过程甚至需要经过专业培训的教练员才能识别出来。与此不同，五人制比赛场地小、人数少，一次决策失误或成功带来的结果往往呈现得比较迅速且直观。换句话说，五人制比赛中学生决策的反馈会出现得比较及时，更容易引起学生对单次决策的反思，从而帮助其识别决策场景，提高决策速度与准确性。

五人制比赛对学生决策过程中做出最终决策之前的其他能力也有着独一无二的练习作用。十一人制场地大，给了队员较大的空间和较长的时间通过观察、分析做出一次理性决策；五人制比赛场地小，更需要通过反复练习而形成肌肉记忆的直觉决策，这就要求学生能够熟练地运用各种战术形式，具备出色的工作记忆能力并能够通过快速准确地识别，触发相应的战术行为。由此可见，五人制足球比赛需要学生熟练掌握各种技术和战术形式，并形成肌肉记忆，能够快速提取，这种对认知决策过程的锻炼对青少年未来的成长无疑有着非比寻常的价值和意义。

总而言之，五人制足球因其场地、器材，以及其脱胎于十一人制足球而又独树一帜的规则，导致其在技战术、体能以及心理决策方面存在一些特点，这使得五人制足球对于促进足球在校园中的普及和开展以及更好地发挥足球在教书育人方面的作用有其独到的功能和价值。

三　校园五人制足球比赛的功能和价值

“功能”是指客体具有的功效及效能，“价值”指的是客体具备且能够发挥的积极作用。“价值”一词本身存在多种不同的解释，作为哲学范畴在不同的理论下的释义也各有偏重。本文采用的是《辞海》对价值的注释。这样，功能和价值都是指五人制足球比赛可以发挥的正面作用，为了进行区别两个概念，这里定义五人制足球比赛的功能是指因五人制比赛所具备的特点，在教育教学过程中起到的促进学生成长成熟的功效。五人制比赛的价值指的是五人制比赛在促进足球项目普及发展等方面可以发挥的正面作用，本节主要介绍五人制比赛在推广和普及校园足球方面可以发挥的正面作用。

1. 功能

五人制足球比赛的功能主要体现在以下几个方面。首先，是提高学生技战术的功能，这也是五人制足球比赛最本质的功能；其次，是促进学生身心健康发展的功能；再次，是培养学生终身体育的功能；最后，是立德树人的教育功能以及进行集体主义思想教育的功能。

在教育教学过程中，五人制足球比赛以其在技战术方面的特点，可以帮助教师提高学生足球的技战术能力，尤其是技术能力及局部战术能力。五人制足球比赛对队员个人技术的精度及速度要求较高，通过参与五人制足球比赛可以提高其技术能力，锻炼其在较高的压力下控制球及处理球的技术能力，为其今后进入十一人制足球训练或长期进行足球活动打下良好的技术基础。五人制足球比赛中位置轮换频繁，每名队员都要同等地承担进攻和防守的责任，需要掌握攻防两端的各种技术，这也为学生全面技术的掌握和熟练打下了良好基础。

在五人制足球比赛中，战术相对简单且战术行为的结果反馈较快且展现清晰，可以帮助教师引导学生反思其战术行为以提高其战术能力。并且五人制足球比赛中学生位置不固定，这使得他们需要学会在不同的战术中扮演不同的角色，这有利于帮助学生全面掌握各种战术形式，加深学生对足球技战术的理解能力。同时，通过参与五人制足球比赛还可以帮助学生建立学习足球技战术知识的意识，教师应该引导学生在热爱足球运动参与五人制比赛实践的同时，了解项目发展的渊源，自觉提炼和建设学校的校园足球文化。提高学生足球技战术能力是五人制足球比赛最基本、最本质的功能，其他的功能都是此功能的衍生和发展。

五人制足球比赛是一项对抗激烈、转换流畅、强度较高且间歇较多的有氧运动。长期参与五人制足球比赛有促进学生有氧能力发展的功能，降低学生的体脂，帮助青少年改善体态，提高身体健康状况。长期参与运动可以促进青少年的身体发育，起到强身健体的作用。五人制比赛作为一项激烈有趣并伴随着身体对抗的运动项目，可以起到全方位改善学生身体素质的功能，提高学生的心血管功能，促进其身体健康发展。在参加五人制足球比赛的过程中，学生作为队员在场上需要频繁地变向变速，以及运用各种技术并实现技术间流畅地衔接。这就使得五人制足球比赛不仅可以改善学生的健康状况，还具有促进学生身体素质发展的功能，尤其是学生阶段处于敏感期的身体素质——灵敏、协调和速度素质。这些需要多肌群协同参与的身体活动及运动素质的提高还可以促进神经系统的进一步发育成熟，练就学生聪明灵活的头脑，这也是生理及身体健康的重要组成部分。

作为一项集体运动，五人制足球比赛亦有促进学生心理健康发展的功能。运动心理学研究显示，长期从事体育运动带来的学生体态、体质以及运动能力的改善和提升，有助于帮助青少年建立正确的自我认知，增加青少年的自信，并可以减少抑郁及焦虑发生的可能性。

五人制足球由于其替换队员的规则，每名学生都有出场的机会，这可以帮助教师形成良好的团队氛围，如果能结合家长的支持，可以让学生在参与比赛的过程中感受到良好的社会支持的氛围，进一步提高学生的自我效能。五人制足球频繁的小组配合，需要队员指教呼应交流，这就锻炼了队员的表达及社交的能力。在良好的团队氛围中，在队友同学的相互支持下，在教师的正确引导下，学生可以通过参与五人制足球比赛及相关的练习，可以在轻松积极的氛围中逐渐形成健全的人格，提高其自信自尊，学会分享互助，感受积极竞争。这种良好的心理素质的建立对于学生在今后的生活中面对困难与挫折时，克服困难战胜挫折有所帮助，这是提高学生心理健康的重要部分。

五人制足球比赛中的对抗多、射门多、可以释放压力的特点，给了学生在沉重学习压力下一个合理地宣泄不良情绪的窗口。长期积压的不良情绪会对学生的心理健康产生严重的影响，家长往往只关注对青少年心理健康以及对其造成严重影响的重大事件，却忽略了日常学习生活压力的积累效应，城市发展剥夺了青少年户外活动的场所与身体活动的机会，这使他们丧失了释放天性、消解压力的重要途径。而在校园内开展五人制足球比赛可以还给广大青少年一个安全、激烈又有趣的身体活动方式，这种对抗性的运动，可以帮助青少年以合理的方式宣泄情绪与压力，帮助他们保持良好的心态。由此，五人制足球比赛具有促进学生身心健康发展的功能。

五人制足球比赛及相关练习，可以促进学生身心健康发展。除此之外，五人制足球比赛在促进学生形成终身体育方面亦有重要功能。

五人制足球比赛对于促进学生建立终身体育习惯的功能主要来源于其激烈有趣的特点。这可以充分满足学生的心理需要，激发其参与足球运动的动机，并通过参与五人制足球比赛及日常训练教学，不断正向反馈加强其动机，以形成其参加五人制足球运动的爱好与习惯。当然，这种运动习惯不仅限于五人制足球项目，在其日后参与足球项目以及其他运动时，已形成的运动能力、爱好及习惯会正向迁移，帮助其掌握其他运动技能并养成终身体育的良好习惯。为实现建设体育强国的战略目标，贯彻落实健康中国、全民体育的政策路线，五人制足球比赛帮助学校教师培养学生终身体育的习惯是其至关重要的功能，但是发挥五人制足球比赛的这项功能需要校园足球教师具备较高的理论与实践能力，设计出有训练效果、贴近比赛实践而又有趣的练习计划，同时要求他们通过指导正向激励学生的热情与信心，因此，本书后面的章节会提供相应的练习方法，供校园足球教师参考借鉴。

五人制足球比赛具有很强的思想教育功能，集中体现在立德树人以及集体主义教育方面。校园足球作为中国足球长期发展战略的重要一环和中国足球发展改革的重要部分，担负着立德树人、育人为本的重要任务，必须贯彻育人为本的发展思路。五人制足球比赛则可以充分发挥校园足球在教育活动中立德树人的重要功能并在集体主义教育中起到重要的辅助教育功能。体育运动可以起到磨炼学生意志品质的作用，而五人制足球比赛作为足球比赛的一种形式，属于集体运动，要求队员以集体荣誉为重，在展现自我的同时，必须将团队的利益放在第一位，这就在日常课程与比赛中塑造着学生的集体主义价值观，而这种影响是潜移默化和深远持久的，远比传统的灌输教育更深入人心。同时，五人制足球比赛由于参赛人数少，每名队员的担当与责任队员团队的重要性不言而喻。这就为学校提供了教育学生形成责任心的良好环境。除此之外，规则意识、拼搏精神等，都可以通过五人制足球比赛的开展及相关的教育教学活动，使学生耳濡目染，达到润物细无声的教育效果，这种思想教育效果是深远而生动的，在对抗性身体活动中起到了塑造学生良好世界观及性格的作用，是传统灌输性思想教育所无法比拟的。

2. 价值

五人制足球比赛的价值主要体现在以下几个方面。首先，是促进校园足球推广和普及的价值；其次，是拓展校园足球影响力的价值；再次，是丰富校园足球文化的价值；最后，是增加校园足球经济收入的商业价值。

国务院办公厅于2015年3月16日，印发了《中国足球改革发展总体方案》，在方案中，校园足球在学校体育中再次被置于极其重要的地位：足球运动被纳入体育课堂教学之中。经过数年耕耘，校园足球的普及和开展结下了累累硕果。据统计，全国青少年校园足球特色学校共计20210所（10019所小学、7107所初中、3084所高中）、全国青少年校园足球试点县（区）102个（31个省份和新疆生产建设兵团各2～4个）、全国青少年校园足球改革试验区12个（其中省级试验区3个，分别是上海市、内蒙古自治区和云南省；计划单列市、省会和地级城市9个）、全国青少年校园足球改革试验区12个（其中省级试验区3个，分别是上海市、内蒙古自治区和云南省；计划单列市、省会和地级城市9个，分别是青岛市、厦门市、深圳市、成都市、武汉市、兰州市、郑州市、延边朝鲜族自治州和滨州市）。但是，相关专家普遍指出，我国校园足球存在地区发展不平衡、师资力量不足、标准足球场较少、物资投入不足等问题。五人制足球对场地、物资需求较少，适应了不同地区开展校园足球的需要，对于促进校园足球的推广和普及有着独到的价值。五人制足球在物资上的需求较低。

在对场地的要求上，五人制足球场面积小，对场地表面材质的要求较低，对于经济发展较为落后地区的学校，可以改造篮球场使一块体育场发挥多重功效，大大提高了资源利用率，减小了学校开展足球的投入，有利于校园足球的开展与普及。

五人制足球更有利于足球课程的开展。五人制足球比赛时间灵活，单节比赛时间较短；相同课程人数的情况下组数较多，便于教师按照能力分组；五人制比赛战术较十一人制比赛相对简单，便于足球教师掌握和教授；五人制比赛具有队员触球次数多等特点。这些特点都有利于足球走进课堂，让更多的学生通过课程感受足球运动的魅力，这是五人制足球比赛在促进校园足球开展和普及上的重要价值。

五人制足球比赛在促进校园足球普及的基础上，其扩展校园足球影响力的价值也就得以显现。校园足球的普及是通过学校影响家长、影响社区，进而增加校园足球影响力的漫长而深远的过程。发展校园足球的一大目的就是做大足球的社会基础，通过校园足球的普及带动学生家长、亲属及朋友对足球的关注，动员其参与足球运动、关注足球比赛的动机，形成热爱足球的社会氛围，培育良好的足球气氛。目前，校园足球以校代表队为主的形式开展，导致参与足球运动的学生数量较少，其与学校其他学生的联系较为割裂，而五人制足球比赛比较容易走入课堂，与学生的学习生活进一步密切结合，增加足球与学生的联系，培育良好的校园足球文化，进而促进校园足球影响力的扩展，这也是五人制足球比赛的重要价值。

在逐步扩展校园足球影响力的基础上，五人制足球比赛的开展有着丰富校园足球文化的价值。目前校园足球各级比赛及教学活动开展均以十一人制为主，仅有大学生五人制足球联赛一项教育部主办的学生五人制足球比赛，小学、初中、高中均无相应的比赛。五人制足球比赛的引入丰富了校园师生对足球运动的理解，丰富了师生的课余生活，这就使足球的制度文化、物质文化更加多元多彩；经过设计的五人制足球课程有利于形成良好的精神文化。由此，五人制足球便具有了丰富校园足球文化的价值。

综合以上分析来看，五人制足球比赛具有值得发掘的商业价值。校园足球商业化不应被视为洪水猛兽，而应该被视为锦上添花，如果学校以及校园足球管理机构仅依靠政府拨款而不建立独立自主的意识，是远不足以为学生提供良好的足球教学资源的。五人制足球比赛开展较少，具有巨大的发展空间和潜力，这也意味着五人制足球比赛有着商业开发的潜力，在正确引导下，通过对中小学学生五人制足球比赛进行良好的运营，可以为校园足球发展赢得更加充足的资金以及社会更广泛的关注与支持，为校园足球的发展创造更好的环境，这就是其商业价值。

总而言之，五人制足球比赛的功能与价值是辩证统一的，是不可分割的，是相辅相成的。五人制足球比赛功能的发挥是其价值体现的重要前提，只有发挥好五人制足球在教育教学中促进学生成长成熟的功能，才能展现出五人制足球在普及推广以及丰富文化等方面的价值；而五人制足球比赛价值的展现，可以为其功能的发挥提供更好的物质条件、充足的社会支持以及和谐的文化环境。由此可见，我们既要提高教师的教学水平，充分发挥五人制足球的功能，又要充分动员社会力量，双轨并行，不可失之偏颇。

四　五人制比赛的目标

目标指的是想要达到的标准或境地，是对活动预期结果的主观设想，是在头脑中形成的一种主观意识形态，也是活动的预期目的，为活动指明方向。目标具有维系组织各方面关系、构成系统组织方向核心的作用。目标具有主观性、方向性、现实性、社会性和实践性。五人制比赛的目标意为通过五人制足球比赛及相关教学活动的开展要达到的标准或境地。这一目标必须符合校园足球的现状，对五人制足球的开展具有指导意义，并可通过实践达到。

五人制比赛如果仅限于参与比赛本身能够达成的目标将非常有限，为了更好地参与比赛、享受比赛，学生一定要经过一定时间的练习，为参加比赛做好准备。五人制许多目标的达成正需要通过学生参与练习而达成，这个练习过程也是校园足球五人制比赛的重要部分。后文在探讨五人制比赛的目标时，许多目标都是依靠学生参与五人制足球练习活动才能达到的，后文所有目标均是指五人制足球比赛及相关练习的目标。

1. 目标的分类与依据

五人制比赛的目标主要包含以下几点：技战术发展目标，体能发展目标，认知决策发展目标，教育目标以推广和普及的目标。技战术发展目标、体能发展目标以及认知决策发展目标主要是指通过五人制比赛及相关教学活动期望达到的提高学生足球运动参赛能力的指导性预想，这一目标是基于五人制比赛的特点以及青少年的生理、心理需求而提出的。这是指导教师选用练习方法的基础和参照，教师应根据课程安排选择适当的发展相应能力的教学方案，以指导学生的足球教学活动。

不同年龄段的青少年的目标应该有所不同。不同于足球青训大纲对不同年龄段做出的细致划分，校园足球五人制目标的年龄划分应符合青少年成长的基本规律，使学生在享受足球乐趣的基础上，学习足球的基本技术，发展其身体素质以及认知能力，使其在体育锻炼中形成健全的人格。其中，与训练不同的是，认知决策发展目标，不应局限于提高队员运用战术做出决策的比赛能力，而是要提高学生对足球运动历史发展、规则内涵以及相关知识的认知能力，通过激发学生参与足球运动的热情，引导其学习足球知识、了解足球文化。教育目标指的是通过五人制比赛及相关教学活动的开展，达到的潜移默化中建立其良好人格品质的效果。教育目标在五人制足球比赛及相关教学活动中应该是一以贯之的，是学校思想教育工作重要的组成部分。推广和普及目标则是要扩展校园五人制足球的外延，通过五人制足球比赛的魅力吸引社区以及社会力量的支持，为校园足球的发展培植更好的土壤。

五人制足球的技战术发展目标、体能发展目标以及认知决策发展目标根据学生年龄及学段大体可以分为四个层次——小学低年级、小学高年级、初中和高中。这四个层次间，学生身心发育差别较大，处于不同的发展阶段；而层次内部，学生往往处于相同的发育阶段，身心发育水平差距较小。但是也不可以忽视学生成长发育的个体差异，应该根据具体情况在分组及教案选择中有所区别。下文将按照不同层次阶段介绍技战术、体能及认知决策发展目标。

（1）小学低年级学生目标的制定与实现

小学低年级的学生，其神经系统正处于快速发育的时期，神经兴奋性强，抑制能力较弱，往往活泼好动，难以集中注意力。其认知特点鲜明，主要通过第一信号系统获取外界信息，即通过视觉模仿教师的技术动作。同时，这一年龄段的学生往往处于自我认知的发展阶段，他们更多地关注自己的感受。在生理上，其大脑支配肌肉的能力往往较弱，同时此时的学生心率较高，血管弹性很好，可以承受一些强度较大、间歇较多的运动，同时应适当发展有氧能力，提高其心肺工作能力。这一年龄阶段的学生骨骼韧性强、强度差，不易骨折但易弯折，可以进行一定的对抗但不宜进行抗阻力量训练。

由于此阶段学生的身心发育存在以上特点，所以在技战术发展上，应以学生的运控球技术为主，通过有趣的练习着重培养学生的球性和球感以及他们对参与足球的兴趣。在此基础上，适当地提高学生传球的技术以及在对抗中保持球权的能力。

如果学生技术掌握熟练，则可以增加两人间小组配合的战术训练，帮助学生建立基础的战术认识。在比赛中，教师应该鼓励学生大胆运用在练习时学到的技术动作，鼓励学生大胆运用1V1突破技术，以及射门技术。这样学生可以在体会足球乐趣的同时，将课程中学习的技术进行实践应用，强化学习的效果。在此阶段，教师不应过多地关注战术运用的准确性，因为此时的学生更多关注的是自我的表现，还未建立分享球的意识，不能苛求这一阶段的少年儿童做出准确的传球决策。

在比赛安排上，为了保证比赛负荷符合少年儿童的发育特点，应该采用时间短、间歇多的安排方式，且场地不易过大，可以选择临近下限的场地边线长度。这种方式适应了少年儿童的生理特点，有利于提高他们的身体素质，结合五人制足球比赛的特点，这尤其有利于提高少年儿童的速度素质、灵敏素质以及协调性，对刺激少年儿童的神经系统发育有一定促进作用。并且这种时间短、间歇多的组织方式可以在避免过量运动的情况下提高学生的心肺功能，提高学生的健康状况。在认知与决策方面，此阶段学生第二信号系统尚未发育，难以接受抽象信号提供的信息。因此，在联系中要通过练习帮助学生建立条件反射，多加示范，讲授简练。

在思想教育上，此阶段主要应该激发少年儿童参与足球的动机，不应过于强调纪律、责任等，但是，规则意识和团队精神应该渗透在练习方案及比赛指导中。规则是比赛顺利进行的保证，只有符合规则要求的进球得分才是有效的；规则也是在练习中完成练习获得认可的前提；规则意识即是进行足球比赛的基础，又是现代社会重要的意识观念。进入社会后规则意识就会转化为法律意识，遵纪守法在法治社会中，是每个公民的基本素质。而自幼年通过耳濡目染建立的规则意识，是深远持久内化于心的，这将成为参与五人制足球比赛的少年儿童的一笔宝贵财富。尽管此阶段学生还处在自我意识的发展阶段，但参与集体运动可以教育其对他人和团队的关心，逐渐意识到分享和团队的意义，为其在今后社会化过程中奠定良好的基础。

（2）小学高年级学生目标的制定与实现

小学高年级的学生，与较低年级的学生在生理、心理的发育特点上都有一定的不同，其中值得注意的是，由于少年儿童发育速度的差异，这一阶段的学生发育程度有所差别，可能有部分青少年，尤其是发育较早的女生已经开始进入青春期，需要教师予以关注。这一阶段的学生，经过学校教育以及初步的五人制足球课程的锻炼，其神经系统经过初步的发育，对肌肉的控制能力逐渐增强，技术完成的准确性和速度更高。身体素质由于发育不同可能有较大差距，还有一部分学生可能会由于不良的生活习惯导致肥胖等，此种情况需要教师在教学，尤其是分组中进行关照。但是总的来说，这一阶段学生，较上一阶段除了在速度力量上有所提高，生理认知特点与上一阶段的学生有所进阶，但仍应该控制好难度，让学生感受足球的乐趣，以达到强身健体、全面提高身体素质的目标。

在技战术目标方面，应遵循以下考虑因素。首先，对于此前已掌握的技术动作及两人小组配合战术，教师应该通过改变练习场地大小、增加对抗和限制条件等方式，增加学生在对抗和压迫下应用技术的能力，增加其应用技术的准确性和速度；并设计较上一阶段稍复杂的场景，指导学生更熟练地识别场景，应用战术。其次，教师应该教给学生技术组合运用的方式，将单一的技术组合起来以增强其在比赛中运用技术组合的能力与熟练度。再次，应该增加队员防守技术的训练，并增加两人及以上的小组进攻战术的练习，通过练习将阵型的概念传授给学生。最后，教师在指导比赛的过程中应适当地对学生应用小组配合时机的准确性进行指导，这一时期的学生因为生理发育速度的不同在技战术的学习方面自然存在一定的差异，因此，教师要合理分组并合理安排难度进阶。

在体能方面，组织练习课时，可以增加结合球的协调性训练，以及灵敏训练，这都有利于通过身体活动增强大脑对肌肉的控制能力从而促进少年儿童神经系统的发育。体育教师还需要适当地增加学生有氧能力的练习，以增加学生的心肺功能，促进其健康状况的改善，减少肥胖率。这一时期，也是学生速度素质发展的关键时期，教师不仅应提高学生的位移速度还应该重视学生在反应速度、动作速率等方面的练习，综合发展学生的速度能力。对于校园足球五人制比赛及相关练习来说，教师的首要任务是保证学生的安全与健康，并打下良好的运动素质基础。

在认知决策目标的设定上，这一阶段的学生第二信号系统随着文化教育而有所发展，可以理解简单的讲解并进行一定的逻辑思考与分析。因此，教师可以通过简要的讲授，帮助学生理解技术动作的原理和战术应用的目的和意义，并通过战术练习帮助学生识别战术运用的场景，以帮助学生进行分析决策。同时，教师应该通过足球比赛教授学生基础的足球规则，让学生更进一步建立规则意识并主动维护比赛的公平。最后，由于这一阶段少年儿童已经在学校教育下开始发展超我的意识，因此在比赛中要注意指导队员建立责任和团队意识。这也是促进学生社会化的重要过程。教师在组织比赛的时候，需要注意分组设计，这一阶段的比赛仍可以将男女混合分组，但需要注意平衡两队之间及各队内的技术水平。实力悬殊的两队进行比赛或队伍内能力相差悬殊都容易打击学生对足球的兴趣，该年龄段是学生形成运动习惯、培养和保持足球兴趣的重要时期，一定要注意保持学生在比赛中体会到的对足球的乐趣。

（3）初中阶段学生目标的制定与实现

进入初中阶段的学生，往往会在此年龄段迎来青春发育期，这一发育阶段对青少年的成长至关重要，学生除了将在身体上迎来快速的发育，心理上也会出现相应的变化。生理上，进入青春发育期的青少年身高和体重迅速增加，由于心脏功能和血管壁发育程度有所差异，可能会导致青春期高血压的症状。随着身高体重的发育，学生的运动能力亦会有所提高。但是，这一年龄段的女生由于体重的增长和第二性征的发育可能导致灵活性和协调性有所下降。学生的抽象思维能力在这个年龄段得以发展，他们可以通过教师的口头传授对技术动作及战术行为建立正确的概念并与第一信号系统互相影响，通过教师传授的动作要领及战术方式纠正自己的动作及判断行为的正确性。这个阶段学生的性别意识及自尊心迅速发展，他们往往较为敏感，自尊心容易受到伤害，需要教师的关注和保护。对于该阶段的学生，经过前两个阶段的学习与练习，应该具备了一定的技术能力并可以完成简单的小组战术配合，因此在设置此年龄段学生的学习目标时，应该较上个年龄段的目标有所进阶。

在技战术方面，教师应该适当安排提高学生处理空中球能力的教学内容。挑传是五人制足球比赛的常用技术，由于挑传时球与脚的接触面积较小，其准确性提高需要学生具备一定的技术能力。同时，在接空中球时，需要学生具备一定的空间识别能力，这一认知能力的发展较其他认知能力发育较晚，是这一阶段学生才开始快速发展的，需要得到相应的练习。因此，这一阶段应该加入相应的传接球技术练习。另外，这一阶段应进一步提高学生技术运用的速度与准确性，并提高他们在比赛中面对更强的压迫下快速处理球的能力，这一能力不只包括运用个人突破技术，还包括了选择正确的小组战术，同时，还应该适当增加小组防守战术的学习，建立其防守阵型的意识。因此，在日常的足球教学中，可以适当地安排练习赛及热身赛，增加针对提高学生战术决策能力的指导，使学生在比赛中逐渐提高技战术运用能力。

在体能方面，该年龄段的学生可以逐渐承受较大的练习强度，但仍需注意负荷的量度，不可太过疲劳，尤其是对于青春期的女生，可能处于生理期，应注意在此期间对她们的保护，控制她们的运动量。这一年龄段的学生可以通过增加对抗的方式，促进其力量的增长。同时应继续提高学生的灵敏和协调素质，在学生掌握多种跑动方式能够快速灵活准确完成移动的基础上进行结合球的灵敏与协调能力训练，同时加强对学生平衡能力的培训，足球动作的完成大都是在非稳定状态下完成的，而这一阶段的青少年具备了发展平衡素质的基础。另外，由于现代的生活方式以及较大的学习压力，初中阶段的学生肥胖率日益提高，因此，教师应注意班级中体重超标的学生，循序渐进地安排其练习强度，通过调整比赛单节时长、场地大小等提高其有氧活动的占比，帮助其改善体态，提高健康水平。

在认知决策方面，注意、记忆和决策在这一阶段都有所发展，教师应该通过战术练习提高其观察、场景识别和决策的能力，提高这一决策过程的合理性、准确性，使学生在建立理性分析能力的基础上，将这一决策过程转化为非条件反射以此提高决策速度。在指导比赛时，教师也可以通过即时反馈对学生正确的战术决策进行鼓励，以强化其正确的条件反射。

总之，这一阶段的学生具备了一定的世界观，需要在五人制比赛的指导及相关课程练习中加强对他们的思想教育工作以及对学生心理健康状况的关注。这一阶段的学生自尊心较强，但易受打击，在教学中应该注意将不同水平的学生合理分组，通过成功的练习提高其自信；教学中应该营造轻松的氛围，通过强调团体荣誉的联系营造团结友爱的环境，在练习中应教育学生正视他们各自的特点，同时，不可以嘲笑班级中的同伴，对于嘲笑、讥讽等行为，可以予以惩罚。在组织比赛时，要男女分组，并将比赛的两队和队内成员的水平调整至大致相符的程度，以保证比赛的趣味性，并保障每名队员触球与享受比赛的权利。教师要教会学生正确的沟通方式，在鼓励好胜心的同时，要强调合作的意义，告诫学生互相鼓励、互相支持的正确意义。并且，教师应进一步提高学生对于足球规则的理解，通过练习及比赛教给学生足球程序性的规则条款，并在比赛中引入裁判，教育学生尊重规则、尊重裁判、尊重队员、尊重对手。总之，在五人制足球比赛及日常课程中，教师需要关注学生的心理健康状况，并通过合理设计的教案对学生进行思想教育，提高其基本素质与思想觉悟，帮助他们顺利完成社会化，成为德、智、体、美、劳全面发展的优秀少年。

（4）高中阶段学生目标的制定与实现

进入高中阶段，青少年发育逐渐进入青春发育期末期，其第二性征明显，生理状况初步具备了成年人的特征，男女学生性别差异导致的速度力量相距悬殊。男生进入青春发育期末期，肌肉纵向伸长速度放缓，肌肉维度有所增加，他们的力量速度明显强于女生。女生盆骨变宽，重心下移，平衡和柔韧素质明显强于男生。在循环系统以及呼吸系统发育上，男女生的差异逐渐显著，男生的心脏泵血功能、肺活量等明显优于女生，具备更强的有氧运动能力。总的来说，这一阶段的学生其器官系统已发育较为完善，骨骼弹性下降但硬度上升，心血管及神经系统基本发育完全，具备了通过第二信号系统认识世界并干预第一信号系统的能力。因此，这一阶段的学生在身体素质上，可以承受较大强度的有氧练习以及无氧能力练习，练习强度及负荷形式可以参考成年人的练习安排方式。在认知发育上，男女生在空间认知能力等方面出现差别，兴趣爱好上也产生差异，这一阶段的学生性格逐渐稳定，是世界观形成的最后阶段也是关键时期。面对沉重的学业压力以及情窦初开，他们内心普遍细腻而敏感，重视自尊却又不够坚强。因此，教师既要尊重其作为个体的需求，又要保护其自尊心，不可将其视为完全的成年人。这一阶段，在学校的教育与社会化过程中，应该建立了集体观念和团队精神，在繁忙的课业中，五人制足球比赛应该成为学生宣泄压力、合理释放不良情绪的窗口。

综上所述，这一阶段学生参与五人制比赛的技战术目标应该是在此前课程中学习的技战术基础上巩固和提高，提高学生对技战术应用场景的识别能力与决策的准确性。在课程中教师应加入防守战术的学习，并通过练习，教授学生整体防守阵型以及其与进攻阵型的区别并能在攻防转换中占据关键路线，帮助学生建立快速转换的意识。在对五人制比赛进行指导时，应该适时适当地给予学生在战术运用与决策方面的反馈，这包含进攻、防守和转换几个方面。为了综合提高学生的技战术能力可以安排较多的练习赛及友谊赛，通过比赛的方式让学生感受在比赛中运用技战术的时机及效果，并通过这种强度较高的练习方式，提高学生在压力下运用技战术的综合能力。

体能上，尽管这一阶段的学生具备承受较高强度有氧、无氧能力练习的基础，但其往往学业压力较大，因此练习强度及形式安排应该以增进学生健康为主。比赛中可以采取较长时间的练习，增加其有氧练习比重，促进其有氧能力的发展，帮助他们改善体态及心肺功能，为其学习生活奠定良好的身体基础。基础较好的学生则应增加抗阻力量练习提高他们的对抗能力。在认知及决策能力方面，这一年龄段的学生具有较强的逻辑推理能力，可以通过符号化的信息接受和理解知识并迁移到实践当中，因此教师可以在练习的同时，向学生讲授相关理论知识，除了单个技术的原理及应用目的，还应该将攻防战术及转换战术的重点、目的、时机以及应用效果教给学生，以引导他们在练习中自我反思，独立思考，进一步提高他们对五人制足球运动的理解。在五人制比赛的指导中，则可以通过截取视频、战术推演等方式，提高学生对技战术的理解能力。同时，教师可以通过介绍足球的起源以及技战术、规则演变的历史，增进学生对足球运动的理解。并且，教师应该将古代足球——蹴鞠的相关知识传授给学生，提高其历史文化素养，为其将来进入社会，营造良好的足球文化氛围打下坚实的基础。

在思想教育方面，这一阶段学生的心理健康至关重要。面对高考的压力，以及青春叛逆期可能带来的各种思绪的困扰，学生需要合理宣泄情绪的方式，五人制足球比赛及相关课程应该起到这样的作用。教师应该通过流畅有趣的训练，帮助学生在足球课程中排解不良情绪，同时，五人制足球比赛及相关练习，应该起到防患于未然的作用。通过课程练习及比赛总结，练就学生坚韧不拔的意志品质，教育他们正确面对困难，帮助学生形成奋发向上的心态。另外，在五人制比赛的指导与总结中应将团结精神上升到集体主义教育，进一步提高学生对于责任感的认识，帮助学生成为有担当、有理想、阳光向上的新时代社会主义建设者和接班人。

2. 小结

五人制比赛及相关课程应该有其推广和普及的目标。五人制足球比赛及相关课程以其特点而具备一定的功能和价值，而为了更好地发挥这些功能和价值，必须要对五人制比赛进行推广和普及，设置推广和普及的目标就是为了给实际的推广和普及工作提供一定的指导。五人制足球比赛及相关课程对场地硬件及客观条件的需求较低，应该可以做到在每所学校都能开展此项运动，在此基础上，可以建立五人制足球赛事。五人制比赛，比起十一人制比赛，开展正规的校际联赛有一定的困难，但五人制正规比赛可以深入学校内部，组织班级间的比赛，由此建立起校内、区、市、省、大区、全国六级校园足球五人制联赛。

与十一人制重视大区、全国比赛的组织与宣传不同，五人制足球比赛具有很强的群众性和普及性，教育部门应重视对校内以及社区比赛的指导工作，使校园足球起到带动社区群体参与，培育基层足球文化的作用。坚实的群众基础以及先进的足球文化，是五人制足球比赛向上开展的基础。在广泛开展基层五人制比赛的同时，应组织家长、社区群体参与校园五人制足球比赛，并鼓励学校积极与社区联动，形成良好的氛围，为校园足球的开展和普及提供强力的社会支持。在此基础上，可以做大做强全国五人制校园足球比赛，与十一人制互为补充。在获得关注度的条件下，应重视关注度中蕴藏的市场潜力，切不可将商业化运营和市场投入视为洪水猛兽，而是要在教育部校足办的指导和引导下，使优质资本进入校园足球，将校园足球五人制比赛办成校足办牵头主办，地方主体承办，具有良性商业运作和市场开发的群众性足球赛事。并将赛事收入回馈给所有校园五人制足球赛事的参与者，在校足办的协调分配下，加强对足球薄弱地区、经济落后地区的扶持，改善校园足球的客观条件，如场地建设、物资以及师资力量。学校也应该积极动员周边的社会力量，与社会俱乐部合作，改善师资，而不能一味地等支持、伸手要。

综上所述，校园足球五人制比赛及相关课程在不同年龄层次和不同方面有着相应的目标设置，在选用课程方案时切忌好大喜功、揠苗助长，而是要循序渐进，逐步发展。在合理目标的指引下，帮助学生享受足球运动，并通过足球运动强身健体，锻炼思维，形成良好的人格性格与思想观念。

五 校园五人制足球比赛的原则与理念

“原则”指的是行事所依据的准则。“理念”则是思想观念，强调对目标、原则方法等的认定和追求。对于校园足球五人制比赛来说，其原则应是指在校园足球五人制比赛及相关课程开展中应该依据的准则；而其理念应是指在校园足球五人制比赛及相关课程开展过程中，教师应具有的一种思想观念，主要包括对其目标及效果的认定和追求。校园足球五人制比赛的原则和理念都是教师开展相关活动的重要指导，是不可违背的底线和意图达到的理想信念。教师在应用本手册练习方法时，可以根据原则和理念对其进行调整。

1. 原则

（1）公平原则

公平是任何体育运动的原则和基础，也是我国社会主义核心价值观的重要内容。校园足球五人制比赛也应该将公平视为第一原则，没有了公平，其所具备的一切特点，能发挥的一切功能和作用都会沦为无源之水、无本之木，尤其是思想教育功能的发挥必须建立在公平公正的基础之上。公平原则体现在以下三个层面。

首先，校园足球五人制比赛规则是公平的，竞赛规则精神的第一要义就是公平，规则以及规则的执行者——裁判员，一定会保护尊重规则合理比赛的球员，也一定会惩罚违反规则的球员，不会做出对犯规方有利的判罚。因此，比赛的公平是对学生尊重规则以及规则意识的塑造，在比赛中任何违反规则的行为都会被惩罚，只有在规则允许的范围内的进球才能算作得分。公平公正的比赛才是学生乐于参与的比赛，才能鼓励学生为了赢得比赛的胜利，在比赛中表现得更好而参与到五人制足球比赛的相关练习中；公平公正的比赛也是学生家长乐意看到的比赛，公平公正的比赛才能引人注目，使得家长产生支持青少年参与五人制足球比赛的意愿；公平公正的比赛才是吸引社区群众、社会群体关注与支持的文化项目，这样的比赛才能赢得社会力量的广泛支持，为校园足球的普及和推广凝聚最大的合力。

其次，五人制足球比赛对每名学生都是公平的，不同体型、性格、技术特点的学生均可在比赛中发挥出自己独特的作用。五人制比赛中队员位置并不固定，不同特点的队员之间相互组合可以产生不同的战术效果，这就给了各种特点的学生共同参与比赛的机会；同一位置由不同特点的学生担任可以发挥不同的作用，而这都可以对球队和班级的比赛表现起到帮助；比赛中不同位置由某一特点的学生担任也能发挥出不同的特点。总而言之，五人制比赛的公平的一大重要表现是参与的公平。所有学生也都有参与和享受五人制比赛乐趣的权利，并且不同学生的参与都可以帮助球队。这不仅体现在比赛中不同的学生对球队获胜产生的帮助，还体现在他们丰富和调节了日常练习中的球队氛围，有利于形成良好的足球文化。教师在安排练习及比赛时，应该给每个孩子上场及参与的机会，让他们充分享受五人制足球的快乐。

最后，校园足球五人制运动本身是公平的。每名学生在参与五人制比赛及相关练习的过程中，其回报与付出是成正比的。全身心投入练习和比赛的学生，不仅会收获比赛能力上的提高，更会收获人格、性格的健全和完善，获得全方位的提高。尽管不同的学生在不同的生长发育阶段，可能学习各种技战术的速度不同。但是，只要经过努力和认真练习，每名学生都可以在参与五人制比赛及相关练习的过程中有独属于自己的一份收获和成长。因此，教师应鼓励、动员学生的参加热情，并给予态度认真的学生相应的奖励，并应引导学生根据自身的情况和特点设定目标、达成目标、获取快乐、收获成长。

（2）教育原则

在校园中开展和普及五人制足球比赛及相关的练习，目的在于更好地发挥足球在立德树人方面的教育作用。《中国足球改革发展总体方案》和《中国足球中长期发展规划（2016—2050年）》都明确强调，发挥足球在教育方面的基础作用以及在立德树人方面的根本作用。要踢好球，先做好人；能踢好球，更能做好人。因此，校园足球五人制比赛及练习与运动训练及与之对应的竞技运动不同，其不同点主要体现在对成绩的态度和关注的焦点上，简而言之，便是学校和教师是否将学生的健康成长放在第一位。

在对成绩的态度上，教师应该正确看待比赛的胜负和练习的结果，不应过分追求比赛的胜负以及练习的成绩，而是要关注比赛和练习的过程以及在此过程中学生获得的成长。对于成绩，教师应将其视为反馈的一种形式，通过这种直接而又深刻的反馈形式，更好地促进学生整体的成长。此外，体育运动在人的塑造方面有着得天独厚的优势作用，足球教师要充分利用五人制足球这一集体运动项目具备的教育功能，把重点放在对学生性格及人品的塑造以及促进其身心健康上。这就要求教师在进行五人制比赛和练习以及相应的指导时，不应过分地关注学生技战术能力的发展，而要强调其人格和品格的塑造。

校园足球的重点在于做大群众基础，为上层的精英训练提供苗子，而绝非直接提高中国足球的竞技水平。因此，在校园中开展五人制比赛，只需要学生掌握基本的足球技术以及战术思维，通过五人制足球比赛使其更加了解和热爱足球这项运动。教师在组织和指导比赛与训练时，更应纠正学生的不良行为以及错误观念，用体育运动这种形式，潜移默化地塑造其优秀的品格，磨炼其意志品质，造就良好的道德素养。比如，对于学生在练习中出现的为了赢得胜利而投机取巧的行为应该被严厉制止并予以相应处罚，而对那些可能技术能力、战术水平相对有限，却在练习中认认真真、勤勤恳恳的队员予以鼓励，肯定其精神与品质。这种模式与思路，与传统训练中更加重视技战术为代表的竞技能力和比赛表现的提高有所不同。教师应转变思维，树立立德树人、教育为本的观念。

（3）学生发展原则

学生发展原则指的是，在校园足球五人制比赛及相关练习的开展过程中，教师的安排组织以及反馈指导都应以学生的发展和成长为第一要义。在组织和指导校园足球五人制比赛和练习的过程中，教师应关注学生的成长与进步，通过练习的磨炼与比赛的锤炼促进其综合素质的综合发展。为了更好地贯彻这一原则，有以下建议需要教师多加关注。

首先，是循环赛制及队伍轮换。这一建议指的是在组织比赛时，应通过合理的队伍轮换方式，使各支球队之间都有互相比赛的机会，因此建议采用循环赛制，而且是大循环甚至多循环的赛制。这种组织安排方式可以增加比赛的数量，给青少年提供更多交流和展示的机会以及更多展示自己的平台。同时，较多的比赛场次也使得队伍中所有队员都有上场比赛的机会。这更有利于一次赛会充分发挥五人制足球的特点，在单场比赛触球次数较多的基础上，进一步增加一次赛会中学生处理球的次数。因此，这是校园足球五人制比赛的组织中需要恪守的原则。

其次，是位置轮转的原则。尽管五人制比赛的战术要求场上除守门员外的四人在比赛中要不断轮转，但是，就实际比赛而言，仅有少数进入较高年龄阶段且水平较高的队伍，才能如此执行。此外，在防守时，除偶尔采用盯人防守外，防守阵型的分工是相对明确的。为使学生更好地享受比赛，在不同的位置中享受比赛的乐趣，发现自己的专长，释放自己的个性，获得更好的发展，教师应在比赛和练习中让队员的位置进行轮转，让每名队员都能体会不同的位置。这也有利于学生间相互理解，彼此尊重，形成良好的团队氛围，促进学生的整体发展和进步。接触更多的位置，亦有利于促进学生技术的全面发展，为他们以后提供了更宽广的发展空间。因此，这也是教师应该注意的重要原则。

再次，是弱化主力、替补的概念。校园足球五人制比赛及练习，应该更加注重团体，并允许学生在团队的范畴内展示自己的个性。在竞技运动中，为了获得更好的成绩，往往有主力和替补的划分，这就使得替补队员参与和享受比赛乐趣的权利得不到充分保障。作为学生发展优先的校园足球五人制比赛，应该关注每一名学生参与足球、享受比赛的权利和通过参与运动获得发展的机会。因此，教师应该淡化主力替补的概念，强调大家作为团队共同的付出。当然，这并不是要求教师平等地给予每一名队员相同的上场时间，而是不能建立团队中主力替补有别的意识。

最后，是因材施教、合理分组。校园足球五人制比赛及相关教学与运动训练及竞技比赛绝不相同。竞技的过程一方面要鼓励运动员的个性发展，另一方面为了比赛的胜利，所有运动员必须融入同一战术体系，贯彻相同的战术思路和战术目标。而校园足球五人制比赛参赛和练习的根本目的是帮助学生成长成才，身心健康，因此，教师应根据学生的情况因材施教，鼓励并帮助他们设定符合自己现状的发展目标，并通过练习的提高和参赛的检验不断向目标挺进。在此基础上，教师可以根据学生的特点，进行战术布置，帮助学生在比赛中发挥出自己的水平，取得比赛的胜利。合理分组，是将水平相近、生长发育程度相近的学生进行分组，并采用难度合理的练习方法，帮助他们逐步提高。练习比赛时的合理分组则是可以让所有学生能够享受参与比赛的乐趣，而强弱不均的分组则会损伤学生参与的积极性，因此，合理分组也是非常重要的。

（4）指导原则

指导原则指的是教师在进行比赛及练习反馈时需要注意方法和手段的原则。校园足球五人制比赛的开展和普及，其目的就是更好地动员学生参与足球运动，发挥足球项目立德树人的重要作用。因此，教师在指导的过程中应注意以下三点。

首先，是多种反馈方式相结合。不同年龄段接受信息的特点不同，相同年龄段的队员在不同条件下能够接受的信号特点也不同。因此教师应该利用手势、语言、示范等多种反馈方式，达到更好的教学效果。

其次，是鼓励原则。为了更好地使学生享受校园足球五人制足球比赛的乐趣，开发其兴趣，保护其自信，教师应以鼓励为主。以鼓励为主并不是说不可以批评，只鼓励不批评也不利于建立争取的自我认知，不利于学生的健康发展。教师应该鼓励学生的正确行为，以及进步的表现。应该对学生反复出现的错误予以批评，并且在批评时，应该注意对事不对人，可以否定学生的某一行为，但不应该将否定扩大化，导致学生形成习得性无助。教师选择鼓励和批评都应以有利于学生的发展为标准。

最后，对于学生在道德上及行为上的不良表现，应该予以惩罚。校园足球五人制比赛和练习，必须重视对学生品德的塑造和精神的磨炼，所以，对于有悖于此的行为，教师应及时施以惩戒，帮助学生树立正确的比赛观。

（5）规则制定原则

规则制定原则是指在制定校园足球五人制比赛简化规则时应该遵循的依据和准则。由于五人制足球竞赛规则具有一定的复杂性，因此，在校园中开展需要对规则进行简化，以利于其推广和普及。但是在简化的过程中不能随意而为，而是要在不削减运动本质乐趣的基础上，将烦琐冗杂，不利于学生理解和教师执行的规则进行删减。这一过程主要遵循以下三点。

首先，是保留运动乐趣原则。规则的改变不能使比赛原本的魅力和五人制独有的特征被牺牲。因此，对于规则的关键章节，比如第十章确定比赛结果以及第十二章犯规与不正当行为的内容不应该被过分删减。其次，是简单易行的原则。校园足球五人制比赛的开展及组织往往受制于场地、器材及人员的条件，很难完全执行现行的规则，而且对于规则的要求，较低年龄段的队员往往难以理解。因此，应该重点删减这部分内容，比如计时方式等。最后，则是道德教育原则。校园足球五人制比赛中除了对技术上的犯规进行处罚外，应该着重加强对学生道德上的不良行为的惩罚，使其在参与比赛的过程中养成良好的习惯以及塑造高尚的品格。

2. 理念

在组织和指导校园足球五人制比赛及练习的过程中，教师应该贯彻相同的理念，对目标和效果有相同的认定和追求。为了落实校园足球五人制足球比赛的原则，在此提出以下几点理念——享受快乐、身心健康，磨炼人格、树立品德，发展个性、以学生为本。这几点理念之间存在着层层递进的内部逻辑，其最终都要统一于以学生为本这一理念之中。

在校园中开展五人制足球比赛及相关练习，首先要让学生享受比赛的乐趣，并在比赛和练习中身心健康地成长。这是校园足球五人制比赛及相关练习的首要理念，也是此项运动发挥其功能的基础。只有让学生在比赛及练习中充分享受比赛的乐趣，愿意参与这项运动，教师才能通过比赛安排、练习设计及指导达到发展其足球水平，使其养成进行运动的良好习惯的效果。通过合理的练习组织及比赛安排，可以使学生的健康状况得到提高。在综合发展身体素质的同时，五人制足球比赛及相关练习课程为广大青少年提供了社交平台以及舒缓发泄情绪的窗口，有利于其心理健康。校园五人制足球比赛也就从身心两方面促进了学生的健康成长。

在身心健康的基础上，教师应通过五人制足球比赛及相关练习磨炼学生更加积极向上的人格，树立起更加优良的道德品质。也只有身心健康的青少年才可能通过五人制足球比赛的练习进一步磨炼优秀的人格。为了使学生的人格品质得到更好的历练，学生的竞技水平及比赛成绩始终不应该被放在主要的地位。教师通过练习提高其技战术能力、指导他们获得比赛胜利的目的，是促进学生的发展以及帮助学生在练习和比赛的挫折与成功中品尝进步的胜利果实，并达到促进学生人格完整、品格坚韧的目的。在人格品质之上，立德树人，提高其思想道德素养应该是学校及教师关注的重中之重。现代社会不仅需要有才之人，更需要德才兼备、德艺双馨的新时代人才。校园足球五人制比赛则为学生形成良好的道德素养提供了极佳的平台。因为比赛和练习过程中的道德培养是潜移默化、深远持久的，是刻骨铭心、记忆深远的。在激烈的对抗和比赛中，如能表现出良好的道德素养，足以说明这些道德准则已深入学生的骨髓，成为其进入社会后立身行事的一部分。这种润物细无声的效果是其他教学手段所无法比拟的，应该成为教师在组织练习和安排比赛时的重要理念。

正如前文所言，集体主义教育、规则意识培养以及团结协作的精神等，都是校园足球五人制可以达到的教育目标。在提高学生思想道德素质的同时，教师应引导学生在合理的范围内发展他们的个性。有良好道德修养的学生，亦需要个性的张扬和展示，需要表现出他们与众不同的个性色彩，这也是社会发展多元化的基础。校园足球五人制的开展目的自然是作为学校教育的一部分，培养建设社会主义的优秀人才，学生的个性也应得到充分的尊重，已具备出色道德素养这一共性的学生群体所展现的个性，应该得到应有的尊重，并且这些个性很可能在以下两方面促进学生的发展。第一，不同的兴趣和人生规划，教师应充分尊重学生个性带来的不同人生理想，并引导学生向其理想的方向发展。第二，学生在完成目标、达成理想的努力过程中采用的不同思维方式应得到保护和发展，学生的个性化思维可能正是日后他们创造力的源泉。因此，发展个性也是校园足球五人制比赛的重要理念之一。

“一切为了学生，为了学生的一切”这一理念是对以上所提及理念的总结，亦是贯穿其中、一以贯之的重中之重。享受快乐、身心健康，磨炼人格、树立品德，发展个性的理念都是以学生发展为本的具体表现。由于组织练习和比赛的过程中有诸多影响因素，考验着学校及教师，但万变不离其宗，校园五人制足球比赛及相关练习必须以学生为本，使学生通过该比赛及练习获得更好的发展和更大的进步，成为可塑之才、栋梁之材。

第二章

五人制足球比赛通用规则

一 场地

根据竞赛规程，场地表面应平整、光滑而不粗糙，最好用木材或人造材料制成。不得使用对队员、球队官员和比赛官员有危险的材料。在校园足球五人制的比赛中可以使用人造草皮场地。

比赛场地应为长方形，并用连续的线标记（不允许用断裂的线），标线不应具有危险性（例如应防滑）。这些标线属于其标示区域的一部分，颜色应与场地有明显区别。只有在第一章中提及的标线可以标画在比赛场地内。

两条较长的边界线为边线，两条较短的边界线为球门线。比赛场地由一条连接两条边线中点的中线划分为两个半场。

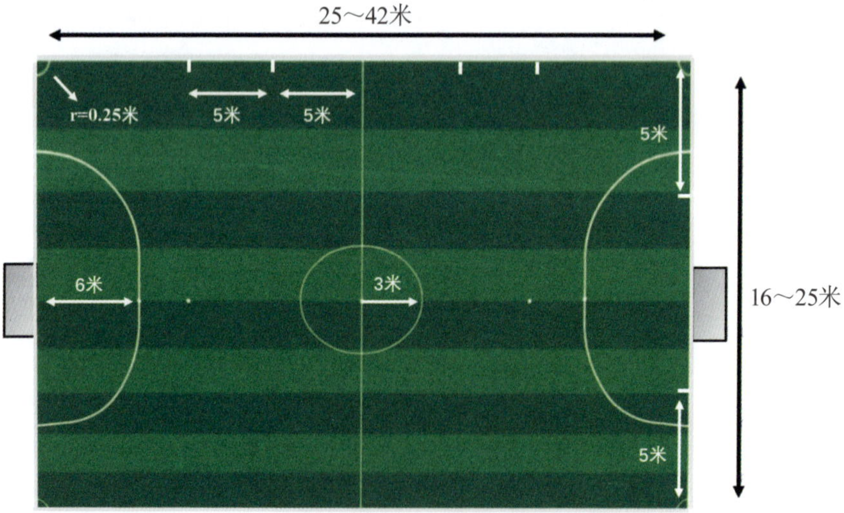

图 2-1 五人制足球场地尺寸图

如图2-1所示，场地尺寸应符合如下标准。

边线的长度应大于球门线的长度。所有标线的宽度应为8厘米。

场地长度宽、度如表2-1所示。

表2-1　五人制足球场地尺寸表

长度	最大	42米
	最小	25米
宽度	最大	25米
	最小	16米

罚球区：从两球门柱外沿并垂直于球门线向场内画两条长度为6米的假象线。在线的末端，以6米为半径从球门柱的外沿向同侧的边线方向画四分之一圆。两个四分之一圆的上部用一段与球门线平行的长3.16米的直线相连。由这些线和球门线围成的区域，即为罚球区。

罚球点：在每个罚球区内，从两球门柱之间的中点向场内6米处标记一个罚球点，该罚球点与两球门柱等距。罚球点是半径为6厘米的圆。

替换区：在球队替补席前的边线上。它们位于技术区域前方，距离中线5米，长度为5米。由长80厘米的标线标记，其中40厘米在场内，40厘米在场外，宽度为8厘米；球队的替换区位于该队防守半场一侧，在比赛下半场或加时赛下半场须交换。

角球区：在比赛场地内每个角，以25厘米为半径画一个四分之一圆，线（角球弧）宽为8厘米。

技术区域：是球队官员和替补队员的指定就坐区域。尽管技术区域的尺寸和位置可能因场地设施原因有所不同，但应符合下列要求：技术区域仅可从座席两侧向外扩展1米，距边线不少于75厘米；应用标线标示出该区域；同一时刻仅允许1人站立，从技术区域内给予战术指导。

球门：球门应放置在场地中央；球门横梁下沿至地面高2米，立柱内沿之间的距离为3米。球门应不具备危险性并用适当的方式固定在地面上；球网适当撑开，避免干扰守门员。若在进球前球门被意外地移动，并且球明显地可以进入球门原本的位置，则进球有效。若球门意外移位（任一立柱，完全不在球门柱上），则坠球恢复比赛；若球员故意移动球门，则警告该队员。

广告：场地上及场地器材上均不得有商业广告；广告牌距场地边线及球门至少1米。

二 球

球应是球形；由合适的材料制成；周长为62～64厘米；在比赛开始时重量为400～440克；气压为0.6～0.9个海平面标准大气压（600～900克/平方厘米）。当球从2米的高度落下时，第一次反弹高度应不低于50厘米且不高于65厘米。

破损球的更换。如果比赛进行中球出现破损，则停止比赛，在球破损的位置用新球坠球恢复比赛，除非比赛停止时球在罚球区内。唯一的例外是当球击中球门柱或横梁后破损并直接进球。如果球在开球、掷球门球、角球、任意球、罚球点球或踢界外球时破损，则重新执行恢复比赛的方式。如果在罚球点球或球点球决胜期间，在球被踢并向前移动后，触及队员、横梁或球门柱前出现破损，则重罚球点球。在比赛中未经裁判员许可，不得更换球。

其他比赛用球。符合第二章规定的其他比赛用球可放置在比赛场地周围，在裁判员管理下使用。

场地上多余的球。如果在比赛进行中，场上出现了多余的球，只有在多余的球干扰比赛时，裁判员才停止比赛。在比赛停止时原球所在的地点坠球恢复比赛，除非该地点在罚球区内。如果在比赛进行中，场上出现了多余的球，但并未干扰比赛，裁判员应允许比赛继续进行，并将多余的球尽快移出比赛场地。

球破损后的进球。如果球在击中球门柱或横梁后破损并直接进球，裁判员应判进球有效。

三 队员及队员装备

1. 队员

场上队员人数：一场比赛由两队参加，每队最多可有5名场上队员，其中1名必须为守门员。如果任何一队场上队员人数少于3名，则比赛不得开始或继续。

替换次数和替补队员人数：在一场比赛中的替换次数不限。

替换程序：无论比赛进行还是比赛停止，可以在任何时刻进行替换，暂停时除外。替补队员替换场上队员，遵循下列程序：被替换下场的场上队员从本方替换区离场，除非规则另有提及；被替换下场的场上队员离场无须经裁判员同意；替补队员进入场地无须经裁判员同意；只有当被替换下场的场上队员离开场地，替补队员才能进入场地；替补队员从本方替换区进入场地。

更换守门员：任何替补队员都可以替换守门员，无须通知裁判员或等比赛停止； 任何场上队员都可以和守门员互换位置，但是应在比赛停止时通知裁判员后进行；场上队员或替补队员替换守门员，应穿着背部印有自己球衣号码的守门员上衣。

违规与处罚：违反替换程序的队员，应进行警告；若未干扰比赛，则允许比赛继续，在随后比赛停止时进行纪律处罚；若干扰比赛，则应停止比赛，进行纪律处罚。

比赛场地内的额外人员：若进球时，场地上额外的人员为攻方球员，则应该判进球无效，并警告该队员；若多出的一人为守方队员，则应判进球有效，警告该队员，并让其离场。

2. 队员装备

安全性。队员不得使用或佩戴具有危险性的任何装备或其他物件。 禁止佩戴任何类型的珠宝首饰（项链、指环、手镯、耳坠、皮质带、橡胶带等），如有佩戴必须摘除。不允许用胶带覆盖珠宝首饰。 应对拒绝摘除或再次穿戴相关物件的队员予以警告。

必要装备。场上队员的必要装备包括如下分离物件：有袖上衣；短裤（守门员可以穿长裤）；护袜，对于胶带或任何附着、外套的材料，其颜色应与所附着或包裹部分的护袜颜色一致；护腿板，护腿板应由能提供一定保护的合适材料制成，并由护袜完全包裹；鞋子。场上队员鞋子或护腿板意外发生脱落，应在随后比赛停止前尽快整理好装备，如果在整理好装备前，该名队员进球或触球参与进球得分，则进球有效。

着装颜色。比赛两队的着装颜色应有别于对方球队和比赛官员；每名守门员着装颜色应有别于其他场上队员和比赛官员；如果双方守门员的上衣颜色相同且无法更换，裁判员允许比赛进行。

其他装备。可允许佩戴不具危险性的保护器具，如软性、轻质材料制成的头罩、面具、护膝和护臂，类似的还包括守门员球帽和运动眼镜。

违规与处罚。对于不涉及危险装备的任何违规，比赛不需要被停止，该队员。由裁判员引导离开比赛场地调整装备；除非已经调整好装备，否则须在比赛停止时离开比赛场地。离开比赛场地调整或更换装备的队员应在被允许重新进入比赛场地前，由一名比赛官员检查装备；只可在裁判员允许后重新进入比赛场地。

四 比赛官员

裁判员的权利。每场比赛由两名裁判员掌控，裁判员和第二裁判员有全部权利去执行与比赛相关的五人制足球竞赛规则。

裁判员的决定。裁判员依据与比赛相关的事实所做出的决定，包括进球与否以及比赛的结果，都是最终的决定。如果裁判员本人，或经其他比赛官员建议后，意识到比赛恢复方式的决定发生错误，但比赛已经恢复，或裁判员已经示意上下半场（包括加时赛）结束并离开比赛场地，或已经中止了比赛，则不可更改该决定。

权利与职责。两名裁判员具有全部的权利执行规则。在较低级别的校园五人制足球比赛中，可以仅有一名裁判员具有裁判资格或是经过培训的体育教师，第二裁判员可由经过培训的高年级学生担任。

裁判员的装备。必要装备，裁判员应有如下装备：至少一个口哨；红黄牌；记录簿（或其他可记录比赛情况的用具）；至少一块手表。

第三裁判员及计时员的职责。负责记录比赛时间及场上事件（包括进球以及纪律处罚队员的号码及时间）；管理双方替补席；管理受伤下场的队员。可由经过培训的学生担任。

五 比赛时间相关规定

1. 比赛时间

比赛时长：比赛分为两个20分钟相同时长的半场，只有竞赛规程允许的情况下才能缩短比赛时间。小学阶段的学生可进行两个15分钟相同时长半场的比赛，或每节10分钟共四节的比赛。由裁判员用哨声示意半场比赛结束。

计时方式及暂停：比赛不使用净时间，即在比赛停止时不停止计时；每队每半场（小学阶段分为4节的比赛除外）有一次暂停的机会；仅在比赛停止时有本方恢复时可向第三裁判员（若没有则向裁判员）申请暂停；暂停时间为1分钟；暂停时间通过补时补齐。

中场休息：队员有中场休息的权利，时间不得超过15分钟。中场休息时，双方交换替补席。

2. 比赛的开始与恢复

开球：用于一场比赛各半场、加时赛各半场的开始和进球后的恢复比赛。任意球（直接或间接）、罚球点球、踢界外球、掷球门球和角球是其他恢复比赛的方式。当裁判员停止比赛，而规则未明确上述任何一种方式恢复比赛时，以坠球恢复比赛。如果违规发生在比赛停止时，则不改变恢复比赛的方式。

开球的程序：掷硬币猜中的一队决定上半场进攻方向或者由本方开球；根据上述选择结果，另一队开球，或者决定上半场进攻方向；选择上半场进攻方向的一队，在下半场开球开始比赛；下半场，双方球队交换半场和进攻方向；在中场休息时，双方球队交换替补席，以确保替补席位于比赛场地的防守一侧；当一队进球后，由另一队开球；除开球队员外，所有场上队员应处在本方半场内；开球队的对方队员应距球至少3米直至比赛开始；球应放定在中点上；替补席一侧的裁判员鸣哨示意开球；当球被踢且明显移动时，比赛即为开始；开球可直接踢入对方球门得分；如果直接踢入本方球门，则由对方踢角球。

开球的违规与判罚：如果开球队员在其他场上队员触及球前再次触球，则判罚间接任意球；如果是手球犯规，则判罚直接任意球。对于其他任何违反开球程序的情况，应重新开球。

坠球的程序。比赛停止时如有下列情况，则坠球给在本方罚球区内的守方守门员：球位于罚球区内，或最后一次触球地点位于罚球区内。 其他所有情况，一名裁判员将坠球给最后触球一队的队员，坠球地点在球最后触及队员、场外因素或比赛官员的位置；其他所有（双方）队员应距球至少2米，直至比赛恢复；当球触及地面，比赛即为恢复。

坠球的违规与处罚。出现如下情况时，需重新坠球：球在触及地面前被队员触及；球在触及地面后，未经队员触及而离开比赛场地。如果坠球后，球未经至少两名场上队员触及而进入球门：若球进入对方球门，则以掷球门球恢复比赛；若球进入得到坠球队员本方的球门，则以角球恢复比赛。如果坠球未经至少两名队员触及，因得到坠球一方的不可抗力（比如天气条件或不正确坠球）致使坠球进入任何一方球门，则应重新坠球。

3. 比赛的进行与停止

比赛停止。出现下列情况时，比赛即为停止：球的整体从空中或地面越过球门线或边线；比赛被裁判员停止；球击中天花板。球触及比赛官员后仍在比赛场地内，并且出现下列情况，也属于比赛停止：一队开始了一次有希望的进攻；或球直接进入了球门；或控球球队发生了转换。在上述三种涉及球触及比赛官员的情况下，以坠球恢复比赛。

比赛进行：其他所有时间，如果球触及比赛官员，或从球门柱、横梁弹回并且仍在比赛场地内，均为比赛进行。

六 任意球、踢界外球、掷球门球、角球

1. 任意球

任意球的种类：当场上队员、替补队员、被罚令出场的队员或者球队官员犯规或违规时，判由对方球队罚直接或间接任意球。

罚直接或间接任意球时，一名裁判员应以清晰的方式进行4秒计时。

间接任意球示意信号：裁判员单臂上举过头，示意间接任意球；这个信号需保持直到球踢出后被其他队员触及或比赛停止。如果一名或两名裁判员未正确示意间接任意球，而球被直接踢进球门，则应重罚间接任意球。

如果直接任意球直接踢入对方球门，则判为进球得分；如果间接任意球直接踢入对方球门，则判对方掷球门球（除非一名或两名裁判员未给出间接任意球的信号）；如果直接或间接任意球直接踢入本方球门，则判对方踢角球。

所有任意球应按如下规定发出：在4秒之内；在犯规地点，除非守方球队在本方罚球区内获得的直接任意球，可在罚球区内的任意地点罚球；因在罚球区内犯规而判罚的间接任意球，或因比赛停止时球位于罚球区内的特定犯规而判罚的间接任意球，应在距离犯规或球所在地点最近的且由与边线平行的假象线相交的罚球区线上发出（图2-2）；对于未经裁判员允许场上队员进入、重新进入或离开比赛场地而被判罚的任意球，应在比赛停止时球所在地点罚球，除非比赛停止时球位于罚球区内，这种情况下，任意球在距离犯规或球所在地点最近的且由与边线平行的假象线确定的罚球区线上发出（图2-2）。然而，如果一名场上队员在比赛场地外犯规，则应在距犯规发生地点最近的边界线上以任意球恢复比赛；如果是可判为直接任意球的犯规且距离犯规地点最近的边界线位于犯规方罚球区内的球门线，则判罚球点球。规则规定的其他地点。

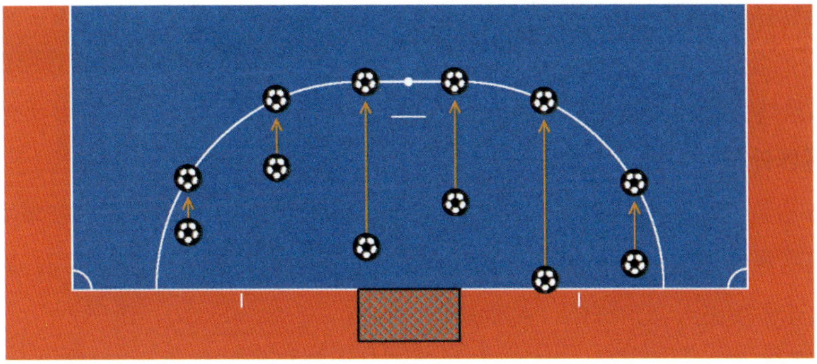

图 2-2 恢复比赛地点图

球应放定，且罚球队员不得在其他队员触球前再次触球；当球被踢且明显移动时，即为比赛恢复。

在比赛恢复前，所有对方队员应距球至少5米；对方队员在其罚球区内罚任意球时，处在罚球区外。

当两名或更多防守队员组成人墙时，进攻队员应距离人墙至少1米，直至比赛恢复任意球可以用单脚或双脚同时挑起的方式踢出。

作为五人制足球的一部分，允许用假动作罚任意球。如果一名队员在以正确方式罚任意球的过程中，故意将球踢向对方以再次触球，但并未使用草率的、鲁莽的方式或过分的力量，裁判员允许比赛继续。

违规与处罚：当任意球发出时，如果对方队员距离球不足规定的距离，除非可掌握有利，否则应重罚任意球；如果队员快速罚出任意球，随后距球不足5米的对方队员将球截获，裁判员允许比赛继续，然而，故意阻止快速发球的对方队员应以延误比赛恢复予以警告。

当任意球发出时，一名进攻队员距离两人或两人以上防守队员组成的人墙不足1米，将判给守方罚间接任意球。防守队员在本方罚球区内罚出任意球时，如果对方队员未来得及离开罚球区，裁判员允许比赛继续。在踢任意球时，如果处在罚球区内的对方队员或在比赛恢复前进入罚球区的对方队员，在比赛恢复前触及或争抢球，应重踢任意球。如果比赛已经恢复，罚球队员在其他队员触及球前再次触球，则判罚间接任意球。

罚球队员手球犯规处罚：判罚直接任意球；如果犯规发生在罚球队员本方罚球区内，则判罚球点球，除非罚球队员为守门员，这种情况下判罚间接任意球。

如果任意球未能在4秒之内发出，则判对方在发球地点踢间接任意球，除非在本方罚球区内出现这样的犯规；这种情况下，由对方在距离犯规点最近的且由与边线平行的假象线确定的罚球区线上踢间接任意球。

2. 踢界外球

当球的整体从地面或空中越过边线或比赛进行中球击中天花板，由最后触球队员的对方踢界外球。踢界外球不能直接得分：如果球直接进入对方球门，判掷球门球。如果球直接进入本方球门，判踢角球。

在踢界外球的一瞬间，球应放定在球离开比赛场地或其击中天花板最近的边线上的地点；所有对方队员应距踢界外球的边线上的地点至少5米。当球被踢且明显移动后，即为比赛恢复。当发球方准备好恢复比赛或裁判员示意其已准备好恢复比赛时，应在4秒内将球踢出，恢复比赛。当界外球被踢出比赛恢复后，球未接触任何其他队员而离开了同一侧边线，则由对方在此前踢界外球的地点重踢界外球。如果队员在踢界外球时，以正确的方式故意将界外球踢向对方队员以再次触球，但并未使用草率的、鲁莽的方式或过分的力量，裁判员应允许比赛继续。踢球队员在其他队员触及球前不得再次触球。

违规与处罚：如果比赛恢复后，踢球队员在其他队员触及球前再次触球，则判罚间接任意球；如果踢球队员手球犯规，判罚直接任意球。如果犯规发生在踢球队员本方罚球区内，则判罚球点球，除非踢球队员为守门员，这种情况下判罚间接任意球。对方队员不正当地干扰或阻挡发球（包括移动至距离踢球地点不足5米处），将因非体育行为而被警告，如果界外球已被踢出，则判罚间接任意球。对于其他违反本章条文的情况，由对方踢界外球。

3. 掷球门球

当球的整体从地面或空中越过球门线，而最后由进攻队员触及，且并未出现进球，则判为掷球门球。掷球门球不可以直接得分。如果球直接进入掷球门球的守门员本方球门，则判给对方角球；如果球直接进入对方球门，判对方掷球门球。

程序：由守方守门员在罚球区内任何一点将球掷出或发出；当球被掷出或发出且明显移动时，即为比赛恢复；当发球方准备好恢复比赛或裁判员示意其已准备好恢复比赛时，应在4秒内将球发出，恢复比赛；对方队员应处在罚球区外，直至比赛恢复。

违规与处罚：如果比赛恢复后，掷球门球的守门员在其他队员触及球前再次触球，则判罚间接任意球；如果守门员手球犯规，判罚直接任意球；如果犯规发生在守门员本方罚球区内，则判罚间接任意球。如果掷球门球时，对方队员未来得及离开罚球区，裁判员允许比赛继续。在掷球门球时处在罚球区内或在比赛恢复前进入罚球区的对方队员，在比赛恢复前触及或争抢球，应重掷球门球。在比赛恢复前，如果队员进入罚球区内，对对方队员或被对方队员犯规，应重掷球门球。依据犯规情况，犯规队员可被警告或罚令出场。对于其他违反本章条文的情况，重掷球门球。

4. 角球

当球的整体从地面或空中越过球门线，而最后由守方队员触及，且并未出现进球，则判为角球。角球可以直接踢入对方球门得分。如果角球直接踢入本方球门，则判给对方踢角球。

程序：球应放在距球越过球门线处最近的角球区内；球应放定并由攻方队员踢球；当发球方准备好恢复比赛或裁判员示意其已准备好恢复比赛时，应在4秒内将球发出，恢复比赛；当球被踢且明显移动时，即为比赛恢复，球无须离开角球区；对方队员应距角球弧至少5米，直到比赛恢复。

违规与处罚：如果比赛已经恢复，踢球队员在其他队员触球前再次触球，则判罚间接任意球。如果踢球队员手球犯规，判罚直接任意球；如果犯规发生在踢球队员本方罚球区内，则判罚球点球。除非踢球队员为守门员，这种情况下判罚间接任意球。如果队员踢角球时，以正确的方式故意将球踢向对方队员以再次触球，但并未使用草率的、鲁莽的方式或过分的力量，裁判员应允许比赛继续。

七 犯规与不正当行为

1. 越位

五人制足球没有越位犯规。

2. 直接任意球

只有在比赛进行中犯规或违规，才可判罚直接或间接任意球，以及球点球。

如果裁判员认为，一名场上队员草率的、鲁莽的或使用过分力量对对方队员实施如下犯规，则判罚直接任意球：冲撞；跳向；踢或企图踢；推搡；打或企图打（包括用头顶撞）；用脚或其他部位抢截或争抢；绊或企图绊。如果是有身体接触的犯规，则判罚直接任意球或球点球。

草率是指队员在争抢时没有预防措施，缺乏注意力或考虑，这种情况不必给予纪律处罚；鲁莽是指队员的行为没有顾及到可能对对方造成的危险或后果，这种情况下应对队员予以警告；使用过分力量是指队员使用了超出自身所需要的力量，危及了对方的安全，这种情况应将队员罚令出场。

如果场上队员实施如下犯规时，也判罚直接任意球：手球犯规（守门员在本方罚球区内除外）；拉扯对方队员；在身体接触的情况下阻碍对方队员移动；咬人或向任何人吐口水；向球、对方队员或比赛官员扔掷物品，或用手中的物品触及球。

不累计犯规次数。

3. 间接任意球

如果一名场上队员实施如下犯规时，则判罚间接任意球：以危险方式进行比赛（指在尝试争球的过程中做出的任何动作，存在对某人造成伤害的危险，包括使附近的对方队员因为害怕受伤而不敢争抢球）；在没有身体接触的情况下阻碍对方行进；表示异议，使用攻击性、侮辱性或辱骂性的语言或动作，或其他言语违规行为；在守门员发球过程中，阻止守门员从手中发球、踢或准备踢球；犯有规则中没有提及的，又需裁判员停止比赛对队员执行警告或罚令出场的任何其他犯规。

如果守门员实施如下犯规时，也判罚间接任意球：在本方半场内，以手、臂部或脚控制球超过4秒；在场地内任何位置将球发出后，未经对方队员踢或触及，在本方半场内再次触及同队队员故意传给守门员的球；球被同队队员故意踢给守门员后，在本方罚球区内用手或臂部触球；接同队队员直接踢出的界外球后，在本方罚球区内用手或臂部触球。

当出现下列情况时，视为守门员用手控制球：球在双手之间，或手与任何表面（如地面、自己的身体）之间，以及用手或臂部的任何部分触球；用伸展开的手持球；向地面拍球或向空中抛球。

阻挡对方队员：阻挡对方队员被认为是五人制足球中的一种合法战术，只要实施阻挡的队员在身体接触的瞬间保持静止，且没有通过移动或向对方路线上伸展身体的方式故意造成接触，且对方有机会躲避阻挡，可以向对方有球或无球队员实施阻挡。

4. 手球

除了守门员在本方罚球区内，队员有以下行为，视为手球犯规：故意用手或臂部触球，包含手或臂部向球移动的动作；在手或臂部触球后，获得了控球权，然后进球得分；创造了进球得分的机会。

除了守门员在本方罚球区内，以下情况通常应视为手球犯规：当手或臂部触球时，手或臂部的位置使身体不自然地扩大；手或臂部处于肩部以上或以外（队员用身体其他部位主动处理球后，球接触了自己手臂的情形除外）。以上对手球犯规的认定同样适用于球接触距离很近的其他队员的头或身体（包括脚）后直接接触手球队员的手或臂部的情况。

队员（包括守门员）手或臂部触球后，球直接进入了对方球门是手球犯规，即使是意外手球。

除上述犯规情况外，球接触手或臂部通常不视为犯规：球接触队员自己的头或身体（包括脚）后直接接触了手或臂部；球接触距离很近的其他队员的头或身体（包括脚）后直接接触手球队员的手或臂部；手球队员的手或臂部距离身体很近，且没有不自然地扩大身体范围；队员倒地时，手或臂部处于身体与地面之间以支撑身体，且手臂没有向横向或纵向伸展离开身体。

在本方罚球区外，守门员和所有其他场上队员在手球上具有同等限制。如果守门员在本方罚球区内以违规方式手球，将判罚间接任意球，不执行纪律处罚。

5. 纪律处罚

裁判员从进入比赛场地进行赛前检查，至比赛结束（包括球点球决胜）离开比赛场地，均有权执行纪律处罚。队员或球队官员，无论是在场内还是场外，对任何人实施犯规或违反规则，可警告或罚令出场的，均将受到相应的处罚。

黄牌代表警告，红牌代表罚令出场。只可对场上队员、替补队员或球队官员出示红黄牌。

延迟恢复比赛而出示红黄牌：一旦裁判员决定对队员予以警告或罚令出场，在处罚程序执行完成前，不得恢复比赛。

有利：如果裁判员在出现可警告/罚令出场的犯规时，没有停止比赛而掌握有利，则应在比赛下一次停止时执行该警告/罚令出场，除非是破坏明显进球得分机会未遂，在这种情况下，该队员因非体育行为被警告，而不必被罚令出场。在出现严重犯规、暴力行为和第二次可警告的犯规时不应掌握有利，除非有明显的进球得分机会。如果防守队员在罚球区外就开始使用手臂等部位拉扯、阻止对方队员行动，并持续至罚球区内，裁判员应判罚球点球。如果掌握有利且在进球后出示第二张黄牌或红牌，被处罚的球队以相同的人数继续进行比赛，由替补队员替换被罚令出场的队员。如果没有进球，该队以少一人继续比赛。

可警告的犯规。场上队员犯有如下行为时，应被警告：延误比赛恢复；以语言或行动表示异议；未经其中一名裁判员许可进入或重新进入比赛场地或违反替换程序；当比赛以角球、任意球或踢界外球恢复时，未退出规定距离；持续违反规则（对“持续”的定义并没有明确的次数和犯规类型）；非体育行为。

替补队员犯有如下行为时，应被警告：延误比赛恢复；以语言或行动表示异议；违反替换程序进入比赛场地；非体育行为。

如果出现两个独立的、可警告的犯规行为（即使发生在相距很近的时间或距离内），应进行两次警告，例如，一名队员未经替换区进入比赛场地，随后实施了一次鲁莽的抢截或通过犯规/手球阻止了对方有希望的进攻等。

对非体育行为的警告。在一些情况下应以非体育行为警告相关队员，包括一名队员：试图用假装受伤或假装被犯规（佯装）欺骗裁判员；以鲁莽的方式实施可判为直接任意球的犯规；通过手球的方式干扰或阻止有希望的进攻；通过犯规的方式干扰或阻止有希望的进攻，除非裁判员判罚了球点球而且犯规的意图是争抢球或触球；在意图争抢球或触球时出现犯规，破坏对方明显进球得分机会，并被判罚球点球；用手球的方式试图得分（无论进球与否）或阻止进球未遂；在比赛场地上制造未经许可的标记；在被要求离场的过程中触球；表现出对比赛缺乏尊重；故意施诡计用头、胸、膝盖等部位将球传给守门员（包括任意球情况），以逃避规则相关处罚条款；在比赛进行中用语言干扰对方队员；故意移动或推倒球门（没有破坏对方球队的进球或进球得分机会）。

罚令出场的犯规。场上队员或替补队员犯有如下行为时，应被罚令出场：通过手球犯规（守门员在本方罚球区内除外）或移动或推倒球门（例如，阻止球越过球门线）破坏对方球队进球或明显进球得分机会；通过可判罚任意球的犯规，破坏对方的进球或总体上向犯规方球门移动的（球门没有守方守门员防守的）明显进球得分机会（下述相关情况除外）；严重犯规；咬人或向任何人吐口水；暴力行为；使用攻击性、侮辱性或辱骂性的语言和动作；在同一场比赛中得到第二次警告。

被罚令出场的场上队员或替补队员应离开比赛场地周边区域及技术区，在保证安全的情况下不允许该队员继续观看比赛（作为对罚令出场队员的处罚）。

破坏进球或明显进球得分机会。以争抢球为目的犯规（手球、推、拉扯、打或守方明显无法处理球除外），破坏了明显的进球得分机会并判罚了球点球，则对犯规队员黄牌警告。在判定是否为明显进球得分机会的情景时，应考虑如下因素：犯规发生地点与球门间的距离；比赛发展的大致方向；控制球或得到控球权的可能性；除守门员外的守方队员位置和人数，以及守门员的位置；球门是否有守门员防守。

暴力行为是指队员的目的不是争抢球，而是对对方队员或任何其他人，使用或企图使用过分力量或野蛮动作，无论是否与他人发生身体接触。有暴力行为的场上队员或替补队员应被罚令出场。

犯规与不正当行为出现后的比赛恢复方式：如果比赛已经停止，则以之前的决定恢复比赛。

如果比赛进行中，场上队员在比赛场地内以身体行为实施犯规，以下列方式恢复比赛：对对方场上队员——以间接、直接任意球或球点球恢复比赛；对同队队员、替补队员、被罚令出场的队员、球队官员或比赛官员——以直接任意球或球点球恢复比赛；对任何其他人——以坠球恢复比赛。

所有言语违规行为，均判罚间接任意球。

如果比赛进行中，场上队员对比赛场地外的比赛官员或对方场上队员、替补队员、被罚令出场的队员或球队官员实施犯规，或替补队员、被罚令出场的队员或球队官员对比赛场地外的对方场上队员或比赛官员实施犯规或造成了干扰，那么，在距犯规/干扰地点最近的边界线上以任意球恢复比赛。如果是可判为直接任意球的犯规且最近的边界线位于犯规方罚球区内的球门线上，则判罚球点球。

如果一名场上队员在比赛场地外对同队的场上队员、替补队员或球队官员犯规，则在距离犯规发生地点最近的场地边界线上以间接任意球恢复比赛。如果队员使用手中的物品（球鞋、护腿板等）触球，则以直接任意球（或球点球）恢复比赛。

如果处于比赛场地内或比赛场地外的场上队员，向对方场上队员扔掷或踢（除球之外的）物品，或向对方替补队员、被罚令出场的队员、球队官员或比赛官员或比赛用球扔掷或踢物品（包括球），则在相关人员或比赛用球被物品击中或可能被击中的地点以直接任意球恢复比赛；或者该地点在犯规方的罚球区内，则判罚球点球。如果该地点在比赛场地外，则在距该地点最近的边界线上以任意球恢复比赛；如果最近的边界线位于犯规方罚球区内的球门线上，则判罚球点球。如果替补队员、被罚令出场的队员、暂时离场的场上队员或球队官员向比赛场地内扔掷或踢出物品且干扰了比赛、对方队员或比赛官员，则在该物品干扰比赛地点，或对方队员、比赛官员或球被击中或可能被击中的地点，以直接任意球恢复比赛（如该地点在犯规方罚球区内，则判罚球点球）。

八 罚球点球

队员在本方罚球区内，或如规则第十二章规定的作为比赛一部分在本方罚球区边界线的比赛场地外，实施可判为直接任意球的犯规，则判罚球点球。罚球点球可直接踢入球门得分。

程序：球应放定在罚球点上；球门柱、横梁和球网不得移动；应明确主罚队员；守方守门员应处在球门柱之间的球门线上，面向主罚队员，且不可触碰球门柱、横梁或球网，直至球被踢出；主罚队员和守方守门员以外的其他场上队员应在比赛场地内；距离罚球点至少5米；在罚球点后方；在罚球区外。

场上队员按照本章规定就位后，一名裁判员示意执行罚球点球。主罚队员应向前踢球，允许使用脚后跟踢球，只要球向前移动。在球被踢出时，守方守门员应至少有一只脚的一部分接触球门线，或与球门线齐平。当球被向前踢出且明显移动后，即为比赛恢复。主罚队员在其他队员触及球前不得再次触球。

如果判罚球点球时半场比赛即将结束，球点球罚球完成后半场比赛即为结束。比赛恢复后，出现下列情况之一，罚球视为完成：停止移动或离开比赛场地；球被除守方守门员以外的任一队员触及（包括主罚队员）；裁判员因主罚队员或主罚队员一队违规而停止比赛。如果守方队员（包括守门员）违规且球点球罚失/被救出，则重踢球点球。

违规与处罚：一旦裁判员鸣哨示意执行罚球点球，球应踢出。如未踢出，一名裁判员可以在再次鸣哨示意罚球之前执行纪律处罚。

如果在比赛恢复前，出现下列情况之一，主罚队员或其同队队员违规：如果球进门，则重踢球点球；如果球未进门，则裁判员停止比赛，由对方以间接任意球恢复比赛。

除非出现以下情况，无论进球与否，应停止比赛并由对方踢间接任意球恢复比赛：向后踢球点球；事先明确的主罚队员的同队队员踢球点球，裁判员警告罚球队员；主罚队员完成助跑后使用假动作踢球（在助跑过程中使用假动作是允许的），裁判员警告主罚队员。守门员或其同队队员违规：如果球进门，则进球有效；如果球未进门，则重罚球点球，并警告违规队员。双方队员违规，则重踢球点球，除非一名队员的违规程度更重（如非法假动作）；如果守方守门员与主罚队员同时违规：如果球罚失或被救出，则警告双方队员，并重罚球点球；如果球进门，则进球无效，警告主罚队员，由守方踢间接任意球恢复比赛。

在踢球点球时，阻碍主罚队员向球移动的对方队员应被警告，即使违规队员遵守了至少距球5米的规定。球点球踢出后，如果主罚队员在其他队员触及球前再次触球，判对方罚间接任意球（或因手球犯规而判罚直接任意球）。球在向前移动过程中被场外因素触及，应重踢球点球。但如果球将要进门时，此干扰因素没有阻止守方守门员或防守队员处理球，如果随后球进门，则视为进球有效（即使场外因素与球发生接触），除非干扰是来自攻方球队。球从守门员、横梁或球门柱弹回比赛场地内，随后被场外因素触及，裁判员停止比赛；在球被场外因素触及的地点以坠球恢复比赛。

踢球点球的违规与处罚结果概要表给出了清晰的汇总，在学习规则的时候可以进行参考。见表2-2。

表2-2　罚球点球违规结果表

罚球点球的结果		
违　规	进　球	未　进　球
进攻队员提前进入	重罚球点球	守方踢间接任意球
防守队员提前进入	进球有效	重罚球点球并警告防守队员
守门员违反规则	进球有效	重罚球点球并警告守门员
向后踢球	守方踢间接任意球	守方踢间接任意球
不合法的假动作	守方踢间接任意球 并警告主罚队员	守方踢间接任意球 并警告主罚队员
非确认的主罚队员发球	守方踢间接任意球 并警告罚球队员	守方踢间接任意球 并警告主罚队员
守门员和主罚队员 同时违反规则	守方踢间接任意球 并警告主罚队员	重罚球点球 并警告主罚队员和守门员

九 决定比赛结果

1. 进球得分决胜

进球得分：当球的整体从球门柱之间及横梁下方越过球门线，且进球队未犯规时，即为进球得分。如果球门因防守队员（包括守门员）的原因移位或推倒，无论是意外的还是故意的，裁判员确认球越过了球门线且从球门柱正常位置（规则第一章规定）时能进入球门，则应判进球有效。如果球门被故意移位或推倒，裁判员应警告犯规队员。如果进攻队员，包括守门员，移动或推倒球门，裁判员应判进球无效。如果是故意行为，该队员应被警告。如果守门员直接将球掷入对方球门，由对方掷球门球。

未进球：如果一名裁判员在球未完全越过球门线（在球门柱之间，如规则第一章规定）时示意进球但随即意识到错误，则以坠球恢复比赛。

获胜队：比赛中进球数较多的队伍为获胜队。如果双方球队进球数相等或没有进球，则该场比赛为平局。当竞赛规程规定一场比赛出现平局，或主客场进球数相同时必须有一方获胜，仅允许采取罚球点球决胜的方式决定获胜队。

2. 球点球决胜

球点球决胜在比赛结束之后进行；球点球决胜不是比赛的一部分。球点球决胜的程序如下。

球点球决胜开始前：裁判员通过掷硬币决定球点球决胜使用的球门，除非有其他考虑（如场地条件、安全性、摄像机位置等）或竞赛规程另有规定；裁判员掷硬币，猜中的一队决定先踢或后踢；所有场上队员和替补队员都有资格参加球点球决胜，比赛或加时赛结束时受伤或已被罚令出场的球员除外；各队负责从有资格的队员中选择罚球队员的顺序，无须告知裁判员；如果在比赛或加时赛结束时，球点球决胜开始前，一队队员（包括替补队员）人数多于对方，则可选择减少队员人数以与对方保持一致，并应告知裁判员被排除的队员姓名及号码。任何被排除的队员不得参加球点球决胜（以下所述除外）；在球点球决胜前或过程中，守门员在无法继续参与的情况下可以被已经排除的场上队员或替补队员替换，但被替换的守门员不再具备罚球资格；如果守门员已经完成罚球，则替换守门员的队员不具备罚球资格，直到下一轮罚球。

球点球决胜进行中：只有符合资格的队员、裁判员和其他比赛官员可以留在比赛场地内；除主罚队员和两名守门员外，所有符合资格的队员应留在中圈内或者位于中线或紧邻中线之后；主罚队员一方的守门员应位于比赛场地内、罚球区外、大约齐平但至少距离罚球点5米之处，且在替补席与第二裁判员的对侧；符合资格的队员可与守门员互换位置；当球停止移动或离开比赛场地，或因发生任何违规的情况而裁判员停止比赛时，视为罚球完成；主罚队员不得再次触球；裁判员记录球点球决胜情况；如果因守门员违规而造成球点球重踢时，应警告守门员；裁判员示意执行罚球点球后，主罚队员违规，则警告主罚队员，此球记为罚失。守门员与主罚队员同时违规：如果此球罚失或被扑出，则警告双方队员，并重罚；如果此球罚进，则进球无效，警告主罚队员，并记为罚失。如果在球点球决胜过程中，一队队员人数减少，则人数多的一队可以选择减少人数以与对方保持一致，并应告知裁判员被排除的队员姓名及号码。任何被排除的队员不得参加球点球决胜（以上所述除外）。

双方球队各罚5次球点球，并遵循如下规定：双方球队轮流罚球；每次罚球由不同的队员执行，直至符合资格的队员均罚过一次后，队员才可罚第二次；上述条款在接下来的罚球中继续适用，但球队可以更换罚球队员的顺序；在双方球队各完成5次罚球前，如果一队进球数已经超过另一队罚满5次可能的进球数，则不再继续罚球；在双方球队罚完5次罚球点球后，如果比分相同，则继续罚球，直到出现罚完相同次数时，一队比另一队多进一球为止；不得因一名队员离场而拖延球点球决胜。如果队员未及时返回罚球，则视为丧失本次踢球资格（罚失）。

第二部分

实践指导

第三章

校园五人制足球技战术练习方法

一 球感练习方法

1. 球感练习-1

教学目标：提高学生的球性球感。

教育目标：提高学生的责任感和团队荣誉感。

图 3-1

（1）组织方式

难 度	★★★
场 地	长20米，宽20米。
人 员	将学生随机分为两队，一队红色，一队蓝色。
器 材	标志盘若干，球若干。

（2）规则

先进行自主练习，每名队员在自己1米×1米的区域内进行动作练习，共练习4组动作。一队进行时，另一队队员一对一进行计数。

① 荡球：双膝微屈，将球在两个脚内侧之间来回荡。做的时候要尽可能快，持续左右脚之间的荡球。

② 双脚点球：双脚交替抬起轻踩球的上部，一脚放下，另一只脚抬起，持续进行交替踩球。尽量保持球的活动范围不要过大。

③ V字单脚拉拨球：先用脚背将球向外侧轻轻拨出，再拉回来，然后用脚内侧将球轻轻推向内侧前方，再拉回来，不断重复，练习过程中不换脚，直到一侧练好换另一侧。

④ V字双脚推拉球：先用左脚脚内侧向右前方推过去，拉回来，然后再用右脚脚内侧向左前方推出去，再拉回来。左右两脚交替进行V字推拉，不断重复。

（3）得分

① 每个动作自主练习之后，两队进行比赛，每个动作进行1分钟，计算每队完成该动作的总次数，总次数多的队伍加1分，对称性动作（左右侧单独训练的动作）进行单独计分；

② 一个动作的比赛结束后进行30秒休息，进行下一个动作的练习；

③ 采用团队计分，所有动作练习和比赛结束后比较两队的总得分，总得分低的队伍负责收集并摆放器材。

（4）进阶

4个标志盘为4个点，绕4个点进行动作练习，开始时顺时针转，之后换逆时针转。

（5）技术指导要点

① 强调重心的重要性；

② 保证每个动作的质量；

③ 保证动作质量的同时应尽可能提高动作频率。

（6）教育指导要点

① 增强诚信意识：每名同学在比赛时完成动作的次数在一定程度上取决于自己数的个数，强调诚信大于完成的次数；

② 团队精神：以团队的方式积分，要批评做动作不认真不积极的行为，这是不利于团队的做法，鼓励队员为了团队的胜利而不是自己的胜利而努力；

③ 自信心：鼓励练习和比赛中出现失误的情况，提高其做动作的自信心；

④ 耐心：因动作难度太大无法完成时，可降低速度，耐心进行练习，提高学生的耐心。

2. 球感练习-2

教学目标：提高学生的球性球感和盘带能力。

教育目标：提高学生的责任感、团队荣誉感、耐心和自信心。

图 3-2

（1）组织方式

难 度	★★★★
场 地	长15米，宽20米。
人 员	将学生按照足球技术水平平均分为四队，红队、黄队、蓝队和绿队。
器 材	标志盘若干，球若干。

（2）规则

先进行练习，按照如图3-2所示的轨迹做动作，依次完成各项动作练习，练习完成后从标志盘左侧带球冲刺回到起点，后一名队员等前一名队员完成一组后方可出发。

① 行进间双脚荡球：将球在两个脚内侧之间来回荡，做的时候要尽可能快，持续左右脚之间的荡球。按照如图3-2所示轨迹进行行进间荡球，整个过程均采用双脚荡球技术运球。

② 行进间双脚点球：双脚交替抬起轻踩球的上部，一脚放下，另一只脚抬起，

持续进行交替踩球，尽量保持球的活动范围不要过大。按照如图3-2所示轨迹进行行进间点球，整个过程均采用双脚点球技术运球。

③ 行进间脚底滚球：双脚交替用脚底触球滚球，重心均放在支撑脚上，按照如图3-2所示轨迹进行行进间滚球，整个过程均采用脚底滚球技术运球。

④ 行进间单脚拉拨球：一只脚始终为支撑脚，另一只脚重复拉拨球动作，按照如图3-2所示轨迹进行行进间拉拨球，整个过程均采用单脚拉拨球技术运球。

（3）得分

① 在一个动作自主练习之后，四队进行接力比赛。教练发出哨响，只能用规定的动作进行运球；

② 一个队的所有队员均完成两次视为完成比赛，用时最短的队伍获胜，休息2分钟进行下一个动作的练习；

③ 所有动作练习和比赛结束后比较四队的总得分，得分后两名的队伍收拾器械。

（4）技术指导要点

① 强调重心的重要性；

② 强调抬头观察，尽量不要看球；

③ 减少触球力度，增加触球次数；

④ 开始时可以放慢动作速度，但是要保证练习完成的质量；

⑤ 保证动作质量的同时加快动作频率。

（5）教育指导要点

① 团队精神：以团队的方式积分，要批评不积极的行为，这是不利于团队的做法，鼓励队员为了团队的胜利而不是自己的胜利而努力；

② 责任感：强调个人的每一次成功防守和进攻对于团队的重要意义，鼓励其勇于承担责任；

③ 耐心：强调耐心的重要性，随时用语言安抚出现失误或无法高质量完成练习的队员要有耐心；

④ 自信心：鼓励学生，相信自己一定可以完成各种技术；

⑤ 增强意志力：强度较大，需要一定意志力完成比赛。

3. 球感练习-3

教学目标： 提高学生的球性球感和盘带能力。

教育目标： 提高学生的责任感、团队荣誉感、耐心和自信心。

图 3-3

(1) 组织方式

难 度	★★★★
场 地	长15米，宽20米。
人 员	将学生按照足球技术水平平均分为两队。
器 材	标志盘若干，球若干。

(2) 规则

先进行练习，按照如图3-3所示的轨迹做动作，依次完成各项动作练习，练习完成后从外侧带球冲刺回到起点等待，后一名队员等前一名队员完成一半后方可出发。

① 行进间双脚荡球：将球在两个脚内侧之间来回荡，做的时候要尽可能快，持续左右脚之间的荡球。按照如图3-3所示轨迹进行行进间荡球，整个过程均采用双脚荡球技术运球。

② 行进间双脚点球：双脚交替抬起轻踩球的上部，一脚放下，另一只脚抬起，持续进行交替踩球，尽量保持球的活动范围不要过大。按照如图3-3所示轨迹进行行进间点球，整个过程均采用双脚点球技术运球。

③ 行进间脚底滚球：双脚交替用脚底触球滚球，重心均放在支撑脚上，按照如图3-3所示轨迹进行行进间滚球，整个过程均采用脚底滚球技术运球。

④ 扣拨球：只使用一只脚扣拨球完成控球，绕过标志盘。

⑤ 一扣一拨：先使用一只脚脚内侧进行扣球，之后用另一只脚脚外侧将球拨出。一次完成后迅速换另一侧重复相同动作。

⑥ 一拉一扣：先使用一只脚脚底进行横向拉球，之后用另一只脚扣球，拉球脚和扣球脚始终不变。

（3）得分

① 在每个动作自主练习之后，两队进行接力比赛。教练发出哨响，只能用规定的动作进行运球；

② 采用团队计分，比赛完成用时最短的队得1分，所有动作练习和比赛结束后比较两队的总得分，得分多者获得奖励。

（4）技术指导要点

① 保证动作质量的同时加快动作频率，提高触球频率，提高控球的精准性；

② 注意动作节奏和动作之间的衔接；

③ 强调抬头观察，尽量不要看球。

（5）教育指导要点

① 团队精神：以团队的方式积分，要批评不积极的行为，这是不利于团队的做法，鼓励队员为了团队的胜利而不是自己的胜利而努力；

② 责任感：强调个人的每一次成功防守和进攻对于团队的重要意义，鼓励其勇于承担责任；

③ 耐心：强调耐心的重要性，随时用语言安抚出现失误或无法高质量完成练习的队员要有耐心；

④ 自信心：鼓励学生，相信自己一定可以完成各种技术。

4. 球感练习-4

教学目标： 提高学生的球性球感和盘带能力。

教育目标： 提高学生的责任感、团队荣誉感、耐心和自信心。

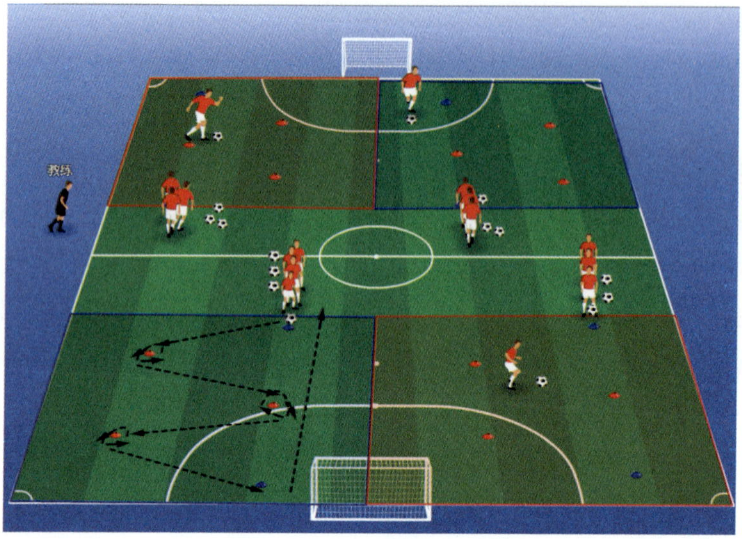

图　3-4

(1) 组织方式

难　度	★★★★
场　地	长10米，宽20米。
人　员	将所有学生分为一队。
器　材	标志盘若干，球若干。

(2) 规则

带球按照如图3-4所示轨迹绕标志盘，在经过红色标志盘时需要绕完整一圈才可以向下一个标志盘前进。

先使用脚内侧进行绕盘，之后改变为使用脚外侧进行绕盘。

(3) 得分

① 在每个动作练习之后，会进行1次测试。教练员根据学生水平设置标准，超过标准则得1分。

② 采用团队计分，共设置10次测试。如果所有测试之后的总分超过6分则全体

得到奖励，若未达到6分则全体接受惩罚。得分越多奖励越多，得分越低惩罚越重（奖励可以是延长下次上课的分队比赛时间，惩罚可以是扛人做蹲起）。

（4）技术指导要点

① 保证动作质量的同时加快动作频率，提高触球频率，提高控球的精准性；

② 强调重心的重要性；

③ 强调不可以刻意换脚，两只脚都要进行练习；

④ 强调抬头观察，尽量不要看球。

（5）教育指导要点

① 团队精神：以团队的方式积分，要批评不积极的行为，这是不利于团队的做法，鼓励队员为了团队的胜利而不是自己的胜利而努力；

② 责任感：强调个人的每一次成功防守和进攻对于团队的重要意义，鼓励其勇于承担责任；

③ 耐心：强调耐心的重要性，随时用语言安抚出现失误或无法高质量完成练习的队员要有耐心；

④ 自信心：鼓励学生，相信自己一定可以完成各种技术，勇于挑战更高的得分。

5. 球感练习-5

教学目标：提高学生的球性球感。

教育目标：提高学生的责任感和团队荣誉感。

（1）组织方式

难　度	★★★
场　地	长15米，宽15米。
人　员	若干。
器　材	标志盘若干，球若干。

（2）规则

先进行自主练习，每位队员在自己的区域（两个标志盘之间）内进行动作练习，共练习10组动作（见图3-5）。

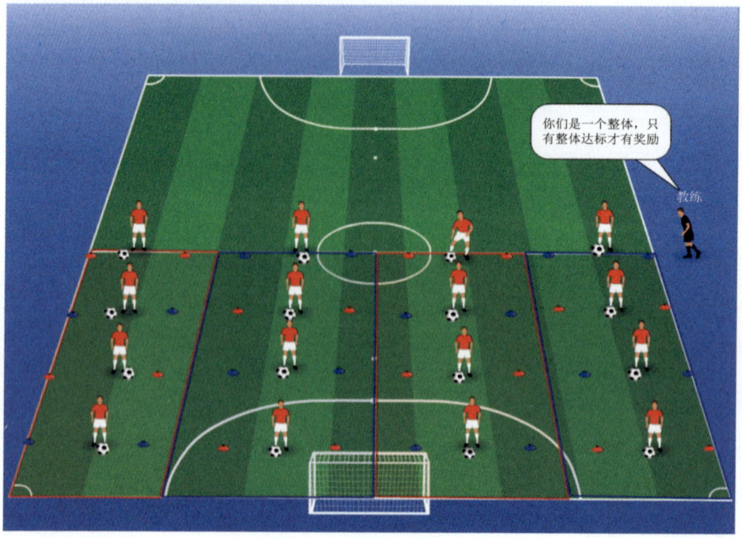

图 3-5

① 双脚交替原地点球：双脚交替抬起轻踩球的上部，一脚放下，另一只脚抬起，持续进行交替踩球，球的位置始终不动。

② 双脚交替横向拉球：在双脚原地点球的基础上，用脚底位置交替横向拉动球，始终使球保持在自己可控范围内。

③ 左右横向拉球：在双脚交替横向拉球的基础上进行，左脚将球拉向右侧，用右脚脚内侧将球停住，换右脚向左边拉球，左脚脚内侧将球停住，之后不断重复该动作。

④ 荡球：双膝微屈，将球在两个脚内侧之间来回荡。做的时候要尽可能快，持续左右脚之间的荡球。

⑤ 半荡球：双膝微屈，在荡球的基础上，加大荡球幅度，左脚将球荡向右侧，用右脚脚内侧将球停住，再用右脚将球荡向左侧，用左脚脚内侧将球停住，之后不断重复该动作。

⑥ V字拉球：用右脚脚底向后拉球，当球拉到支撑脚脚后跟位置时，用右脚脚内侧将球向右前方推出，整个过程中，球的运行轨迹像字母V一样。之后换左脚进行同样的动作，两脚不断交替。

⑦ 单脚身后L字拉扣球：用右脚脚底向后拉球，同时支撑脚左脚向前小跳一下，当球拉到左脚脚后跟后时，用右脚脚尖将球向左扣，绕过左脚，整个过程中，

球的运行轨迹像字母L。之后用左脚脚底将球向右扣，右脚重复刚才的动作，一组结束后换脚进行。

⑧ 双脚身后L字拉扣球：用右脚脚底向后拉球，同时支撑脚左脚向前小跳一下，当球拉到左脚脚后跟后时，用右脚脚尖将球向左扣，绕过左脚，整个过程中，球的运行轨迹像字母L。之后换左脚进行同样的动作，两脚不断交替。

（3）得分

① 在每个动作自主练习之后，进行测试，每个动作进行1分钟计时，时间耗尽后统计完成该动作的次数。根据学生的技术水平设置及格次数，超过80%的及格率可得1分，低于80%及格率不得分，对称性动作（左右侧单独训练的动作）进行单独计分。

② 一个动作的比赛结束后进行30秒休息，再进行下一个动作的练习。

③ 采用团队计分，共设置10次测试，如果所有测试之后的总分超过6分，则全体得到奖励，若未达到2分则全体接受惩罚，得分越多奖励越多，得分越低惩罚越重（奖励可以是延长下次上课的分队比赛时间，惩罚可以是扛人做蹲起）。

（4）技术指导要点

① 保证动作质量的同时加快动作频率，提高触球频率，提高控球的精准性；

② 强调重心的重要性；

③ 强调不可以刻意换脚，两只脚都要进行练习；

④ 强调抬头观察，尽量不要看球。

（5）教育指导要点

① 团队精神：以团队的方式积分，要批评不积极的行为，这是不利于团队的做法，鼓励队员为了团队的胜利而不是自己的胜利而努力；

② 责任感：强调个人的每一次成功防守和进攻对于团队的重要意义，鼓励其勇于承担责任；

③ 耐心：强调耐心的重要性，随时用语言安抚出现失误或无法高质量完成练习的队员要有耐心；

④ 自信心：鼓励学生，相信自己一定可以完成各种技术，勇于挑战更高的得分。

6. 球感练习-6

教学目标： 提高学生的球性球感和控球能力。

教育目标： 提高学生的自信心、责任感、团队荣誉感和耐心。

图 3-6

（1）组织方式

难　度	★★★★
场　地	长25米，宽15米。
人　员	将所有学生平均分为两队。
器　材	标志桶8个，球若干。

（2）规则

① 在红色标志桶组成的25×15的方块区域（安全区域）内分两队进行运控球，起始位置如图3-6所示。

② 每名球员脚下均有一枚足球，在保护自己的球不被破坏的前提下尽可能破坏对方队员脚下的足球，自己的球被踢出或自己带出安全区域则判定为淘汰，被淘汰者退出安全区域。

③ 比赛进行1分钟后，安全区域自动发生变化，由红色标志桶区域变为蓝色标志桶区域，未在规定时间进入安全区域的队员被淘汰。比赛进行到1分30秒时，安全区由蓝色标志桶围成的正方形区域变为中圈区域，未在规定时间进入安全区域的队员被淘汰。

（3）得分

全队均被淘汰的一方为失败方，胜利一方加1分。共进行10轮，总得分低的一方收拾器材。

（4）进阶

被淘汰的队员可以在红色标志桶的安全区外向未被淘汰的对方队员踢球，争取将对方球破坏或影响对手的发挥。

（5）技术指导要点

① 重心降低，注意力平均分配，护球的同时伺机出击破坏对方的球；

② 注意身体的朝向，可以借助身体和手臂保护自己的球，使自己的身体挡在对手与自己的球之间；

③ 保证动作质量的同时加快动作频率，提高触球频率，提高控球的精准性；

④ 强调重心的重要性；

⑤ 强调抬头观察，经常对周围进行观察，分析周围环境；

⑥ 注意使用远离对手的脚运球。

（6）教育指导要点

① 自信心：鼓励学生，相信自己一定可以战胜对手；

② 团队精神：以团队的方式积分，要批评不积极的行为，这是不利于团队的做法，鼓励队员为了团队的胜利而不是自己的胜利而努力；

③ 责任感：强调个人的每一次成功防守和进攻对于团队的重要意义，鼓励其勇于承担责任；

④ 耐心：强调耐心的重要性，随时用语言安抚出现失误或无法高质量完成练习的队员要有耐心；

⑤ 规则意识：提高规则意识，球一旦出界即为淘汰，对不遵守规则的队员进行教育。

二 个人技术练习方法

1. 个人进攻-1

教学目标： 提高队员1V1能力。

教育目标： 提高学生的自信心、责任感和团队荣誉感。

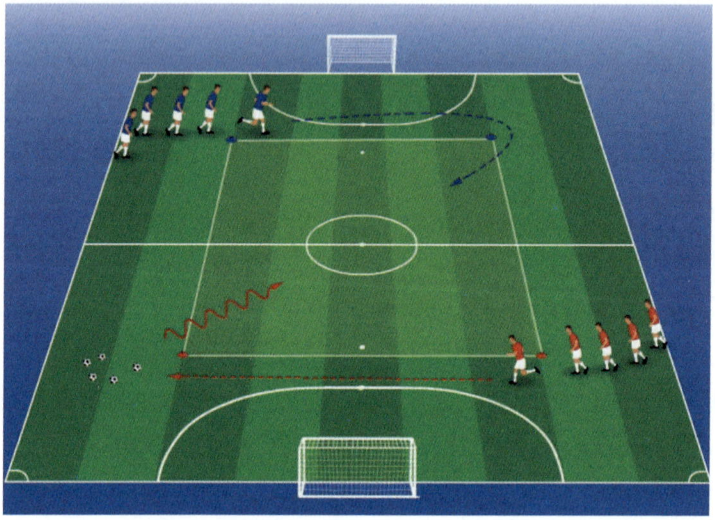

图 3-7

（1）组织方式

难 度	★
场 地	长30米，宽15米。
人 员	将学生分为两队，一队红色，一队蓝色。
器 材	球若干，标志盘4个，标志服5件。
方 法	队员先跑向同侧的标志盘，绕过标志盘后进入场地拿球，在区域内进行1V1，一方先进攻，全部做过一轮后攻守转换（见图3-7）。

（2）得分

① 攻方将球带过对方的阵线得1分，守方将球破坏得1分，每人做完一轮后计算团队得分。

② 得分多的队伍获胜，获胜队中得分最多的成为第二天的队长。输的队伍负责收器材。

（3）技术指导要点

①观察防守的重心和位置；

②做动作时与防守人距离1.5米左右；

③摆脱后加速。

（4）教育指导要点

①自信心：做动作果断坚定，相信自己能够突破；

②团队精神：以团队的方式积分，批评不利于团队的消极行为，鼓励队员为了团队的成功而非为了个人的成功而拼搏；

③责任感：强调个人的每一次成功对于团队的重要意义，鼓励其勇于承担责任，敢于面对失误、补救失误，不轻易气馁；

④不允许取笑对手或队友，应互相鼓励；

⑤尊重规则，严格执行出界规则；

⑥团结友爱，不埋怨队友，不攻击对手。

2. 个人进攻-2

教学目标：提高队员1V1及决策能力。

教育目标：提高学生的自信心、责任感和团队荣誉感。

图　3-8

（1）组织方式

难度	★
场地	长25米，宽15米。
人员	将学生分为两队，一队红色，一队蓝色。
器材	球若干，标志桶8个，标志服5件。
方法	分成两队，攻方带球从自己的区域开始进攻，守方由己方球门后进入场地防守（见图3-8）。

（2）得分

攻方将球带入对方的小球门得1分，每人做完一轮后计算团队得分。得分多的队伍获胜，获胜队中得分最多的成为第二天的队长。输的队伍负责收器材。

（3）技术指导要点

① 观察防守的重心和位置；

② 做动作时与防守人距离1.5米左右；

③ 摆脱后加速；

④ 观察小球门和防守者的位置。

（4）教育指导要点

① 自信心：做动作果断坚定，相信自己能够突破；

② 团队精神：以团队的方式积分，批评不利于团队的消极行为，鼓励队员为了团队的成功而非为了个人的成功而拼搏；

③ 责任感：强调个人的每一次成功对于团队的重要意义，鼓励其勇于承担责任，敢于面对失误、补救失误，不轻易气馁；

④ 尊重规则，严格执行出界规则；

⑤ 敢于挑战敢于尝试，不惧对抗。

3. 个人进攻-3

教学目标：提高队员突破后射门能力。

教育目标：提高学生的自信心、责任感和团队荣誉感。

图　3-9

（1）组织方式

难　度	★
场　地	全场。
人　员	将学生分为两队，一队红色，一队蓝色，设置两名守门员。
器　材	球若干，标志盘8个，标志服4件，假人4个。
方　法	分为四组进行带球射门练习，面对防守假人做出突破动作，并在带出标志盘范围之前完成射门，同一球门的两组交替进行（见图3-9）。

（2）得分

进一球得1分，每人做完一轮后计算团队得分。得分多的队伍获胜，获胜队中得分最多的成为第二天的队长。输的队伍负责收器材。

（3）技术指导要点

① 做动作前一步一带；

② 做动作时与防守假人距离1.5米左右；

③ 摆脱后加速；

④ 观察门将位置；

⑤ 使用正确脚法（优先选择脚弓射门）。

（4）教育指导要点

① 自信心：做动作果断坚定，相信自己；

② 团队精神：以团队的方式积分，批评不利于团队的消极行为，鼓励队员为了团队的成功而非为了个人的成功而拼搏；

③ 责任感：强调个人的每一次成功对于团队的重要意义，鼓励其勇于承担责任，敢于面对失误，补救失误，不轻易气馁；

④ 尊重规则，严格执行出界规则。

4. 个人进攻-4

教学目标：提高队员干扰下的带球射门能力。

教育目标：提高学生的自信心、责任感和团队荣誉感。

图 3-10

（1）组织方式

难 度	★★★
场 地	长30米，宽20米。

人　员	将学生分为两队，一队红色，一队蓝色，设置1名守门员。
器　材	球若干，标志盘2个，小球门1个，标志服4件。
方　法	为两组进行1V1对抗，攻方完成射门后快速转换，原本的守方接底线传球带入小球门（见图3-10）。

（2）得分

进一球得1分，带入小球门同样得1分，每人做完一轮后计算团队得分。得分多的队伍获胜，获胜队中得分最多的成为第二天的队长。输的队伍负责收器材。

（3）技术指导要点

①最快速度带球；

②用身体将球与防守隔开；

③合理利用上肢；

④观察门将位置；

⑤使用正确脚法（优先选择脚弓射门）。

（4）教育指导要点

①自信心：做动作果断坚定，相信自己能够得分；

②团队精神：以团队的方式积分，批评不利于团队的消极行为，鼓励队员为了团队的成功而非为了个人的成功而拼搏；

③责任感：强调个人的每一次成功对于团队的重要意义，鼓励其勇于承担责任，敢于面对失误、补救失误，不轻易气馁；

④尊重规则，严格执行出界规则；

⑤具备体育精神，不攻击对手。

5. 个人进攻-5

教学目标：提高队员控球和摆脱能力。

教育目标：提高学生的自信心、责任感和团队荣誉感。

图 3-11

（1）组织方式

难　度	★★
场　地	半场。
人　员	将学生分为两队，一队红色，一队蓝色。
器　材	球若干，标志盘若干，标志服1件。
方　法	先由1人身穿标志服开始抢球，其余9人在区域内随意带球，带球者的球被破坏即加入抢球阵营，最终剩下的1人为下一轮的抢球者。

（2）得分

抢完一轮后计分，最后一人得5分，倒数第二人得3分，倒数第三人得1分。得分最多的前五名获胜，获胜者中得分最多的成为第二天的队长。输的五人负责收器材。

（3）技术指导要点

① 观察防守的重心和位置；

② 做动作时与防守人距离1.5米左右；

③ 摆脱后的加速；

④ 运球时时刻抬头观察场上局势。

（4）教育指导要点

① 自信心：做动作果断坚定，相信自己；

② 团队精神：以团队的方式积分，批评不利于团队的消极行为，鼓励队员为了团队的成功而非为了个人的成功而拼搏；

③ 责任感：强调个人的每一次成功对于团队的重要意义，鼓励其勇于承担责任，敢于面对失误、补救失误，不轻易气馁；

④ 尊重规则，严格执行出界规则；

⑤ 培养队员坚韧不拔的意志品质。

6. 个人进攻-6

教学目标：提高队员控球和摆脱能力。

教育目标：提高学生的自信心、责任感和团队荣誉感。

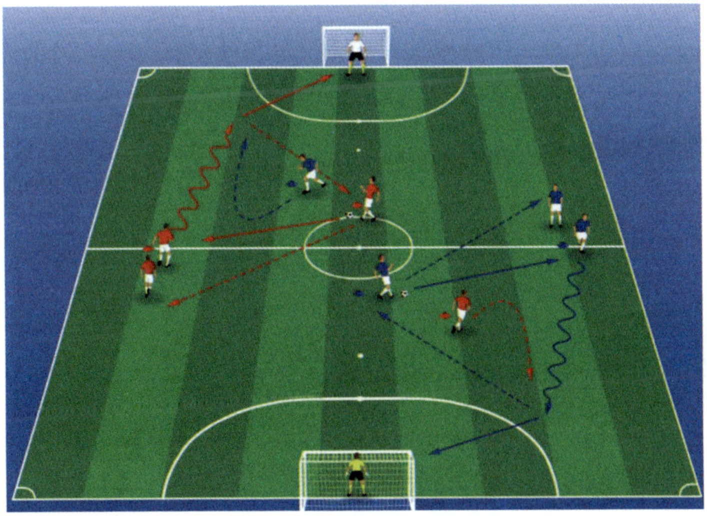

图　3-12

（1）组织方式

难　度	★★★
场　地	全场。
人　员	将学生分为两队，一队红色，一队蓝色，设置两名守门员。
器　材	球若干，标志盘6个，标志服4件。
方　法	分为两个场地进行攻防对抗，攻方队员接到队友的传球后进行边路1V1，完成射门后轮转。

（2）得分

进一球得1分，每人做完一轮后计算团队得分。得分多的队伍获胜，获胜队中得分最多的成为第二天的队长。输的队伍负责收器材。

（3）技术指导要点

① 观察防守的重心和位置；

② 做动作时与防守人距离1.5米左右；

③ 摆脱后加速；

④ 控制好球。

（4）教育指导要点

① 自信心：做动作果断坚定，敢于挑战敢于尝试，不惧对抗，相信自己能够突破得分；

② 团队精神：以团队的方式积分，批评不利于团队的消极行为，鼓励队员为了团队的成功而非为了个人的成功而拼搏；

③ 责任感：强调个人的每一次成功对于团队的重要意义，鼓励其勇于承担责任，敢于面对失误、补救失误，不轻易气馁；

④ 培养团结精神，不埋怨队友；

⑤ 尊重规则，尊重对手。

7. 个人进攻-7

教学目标：提高队员1V1及决策能力。

教育目标：提高学生的自信心、责任感和团队荣誉感。

（1）组织方式

难　度	★★
场　地	半场。
人　员	将学生分为两队，一队红色，一队蓝色。
器　材	球若干，标志盘2个，标志服5件，小球门4个。
方　法	教练在中点向场地内给球，双方球员同时起动进入场地争球，先争到球为攻方，将球带入4个小球门。

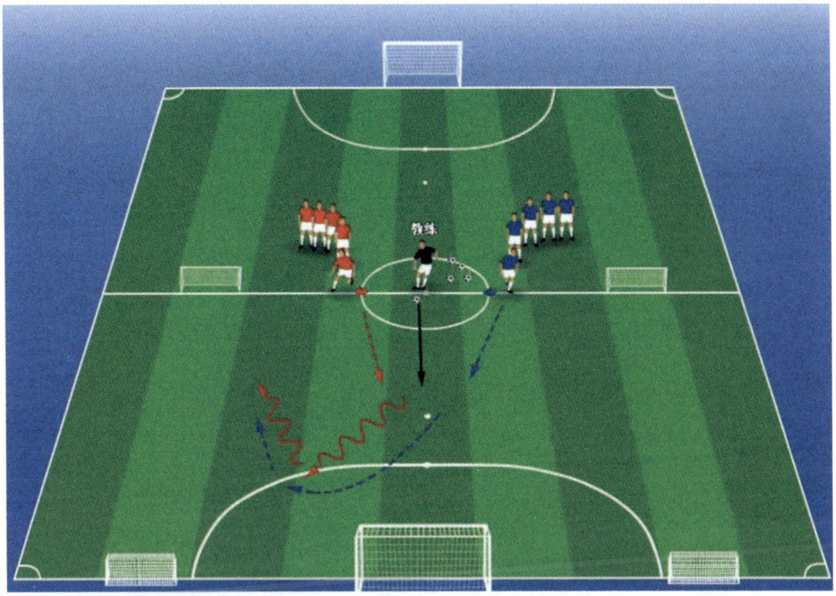

图 3-13

（2）得分

攻方将球带进小球门得1分，守方将球抢下回给教练得1分，每人做完一轮后计算团队得分。得分多的队伍获胜，获胜队中得分最多的成为第二天的队长。输的队伍负责收器材。

（3）技术指导要点

① 观察防守的重心和位置；

② 做动作时与防守人距离1.5米左右；

③ 摆脱后加速；

④ 控制好球。

（4）教育指导要点

① 自信心：做动作果断坚定，敢于挑战敢于尝试，不惧对抗，相信自己能够拿到球并摆脱防守；

② 团队精神：以团队的方式积分，批评不利于团队的消极行为。鼓励队员为了团队的成功而非为了个人的成功而拼搏；

③ 责任感：强调个人的每一次成功对于团队的重要意义，鼓励其勇于承担责任，敢于面对失误、补救失误，不轻易气馁；

④ 尊重规则，尊重对手。

8. 个人进攻-8

教学目标：提高队员带球变向与射门能力。

教育目标：提高学生的自信心、责任感和团队荣誉感。

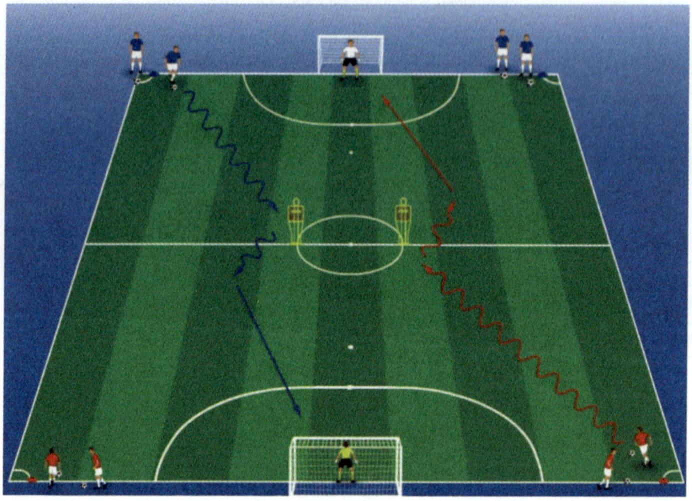

图 3-14

(1) 组织方式

难 度	★
场 地	全场。
人 员	将学生分为两队，一队红色，一队蓝色，设置两名守门员。
器 材	球若干，标志盘4个，假人2个，标志服4件。
方 法	两边队员向中间假人同时运球，对着假人完成一次假动作变向后带球射门，完成射门后从场外跑至另一队队尾。先完成射门的队员可以防守，干扰另一名队员射门。

(2) 得分

进一球得1分，每人做完一轮后计算团队得分。得分多的队伍获胜，获胜队中得分最多的成为第二天的队长。输的队伍负责收器材。

（3）技术指导要点

① 掌握变向的时机，距离标志物1.5米左右；

② 变向后加速；

③ 注意补射；

④ 运球时提前观察，选择合适的射门角度。

（4）教育指导要点

① 自信心：做动作果断坚定，敢于挑战敢于尝试，不惧对抗，相信自己能够拿到球并摆脱防守；

② 团队精神：以团队的方式积分，批评不利于团队的消极行为。鼓励队员为了团队的成功而非为了个人的成功而拼搏；

③ 责任感：强调个人的每一次成功对于团队的重要意义，鼓励其勇于承担责任，敢于面对失误、补救失误，不轻易气馁。

三　1V1突破教学

1. 1V1突破教学-1

教学目标：提高队员假动作的连贯性和欺骗性。

教育目标：提高学生的自信心、责任感和团队荣誉感。

图　3-15

（1）组织方式

难　度	★★
场　地	长15米，宽15米。
人　员	将学生随机分为两队，一队红色，一队蓝色。
器　材	标志盘若干，标志桶若干。

（2）规则

① 同队队员分成一组，共两组，并保证每组的两侧都有人；

② 从两侧的黄色标志盘出发，在标志桶前做假动作进行突破，之后带球到另一侧出发点排队；

③ 统一假动作，且突破方向一致，教练决定变换与否。

（3）变化

更换假动作，如一晃一拨、踩单车、一扣一波、假传真扣。

（4）得分

① 每个假动作练习结束后进行接力竞赛，每组同一时间只有一个人可以进行，击掌为接力成功，先完成20次的组得1分；

② 练习的每个动作都需要比赛；

③ 采用团队计分，两队攻守各做完一轮后对比总分。

（5）技术指导要点

① 重心降低，触球频率要高；

② 注意做假动作的时机，在距离防守者（标志桶）一臂间隔时完成假动作；

③ 动作与动作之间要连贯。

（6）教育指导要点

① 自信心：突破时要果断坚定，相信自己一定可以突破成功；

② 团队精神：以团队的方式积分，要批评不积极的行为，这是不利于团队的做法；

③ 责任感：强调个人的每一次成功防守和进攻对于团队的重要意义，鼓励其勇于承担责任。

2. 1V1突破教学-2

教学目标：提高队员假动作的连贯性、欺骗性和背身拿球转身能力。

教育目标：提高学生的自信心、耐心、责任感和团队荣誉感。

图 3-16

（1）组织方式

难 度	★★★★
场 地	长15米，宽20米。
人 员	将学生随机分为两队，一队红色，一队蓝色。
器 材	标志盘若干，标志桶若干。

（2）规则

① 双方一队为进攻方，一队为防守方，同队队员供球，进攻队员在红色标志盘处出发接球，防守队员起始位置在蓝色标志盘处；

② 接球后突破防守队员并射门。

（3）变化

进攻队员出发点变换，起始为背身拿球。

图 3-17

（4）得分

① 突破成功的得1分，进球得1分。采用团队计分，两队攻守各做完一轮后对比总分。

② 防守队员抢下球后进攻中线处的标志桶摆成的两个球门，突破加1分进球得分。

（5）技术指导要点

① 重心降低，触球频率要高；

② 注意做假动作的时机，在距离防守者一臂间隔时完成假动作；

③ 提高接球后第一次触球质量；

④ 注意身体朝向和眼神，要有欺骗性；

⑤ 动作与动作之间要连贯；

⑥ 突破后加速摆脱。

（6）教育指导要点

① 自信心：突破时要果断坚定，相信自己一定可以突破成功；

② 耐心：耐心观察，出现因不耐心导致的失误时应对队员进行指导，鼓励其耐心寻找机会；

③ 果敢：用于做动作，当机会出现时坚决突破；

④ 团队精神：以团队的方式积分，要批评不积极的行为，这是不利于团队的做法，鼓励队员为了团队的胜利而不是自己的胜利而努力；

⑤ 责任感：强调个人的每一次成功防守和进攻对于团队的重要意义，鼓励其勇于承担责任。

四　1V1防守教学

1. 1V1防守教学-1

教学目标：提高队员1V1的防守能力，强调防守姿势。

教育目标：提高学生的责任感和团队荣誉感。

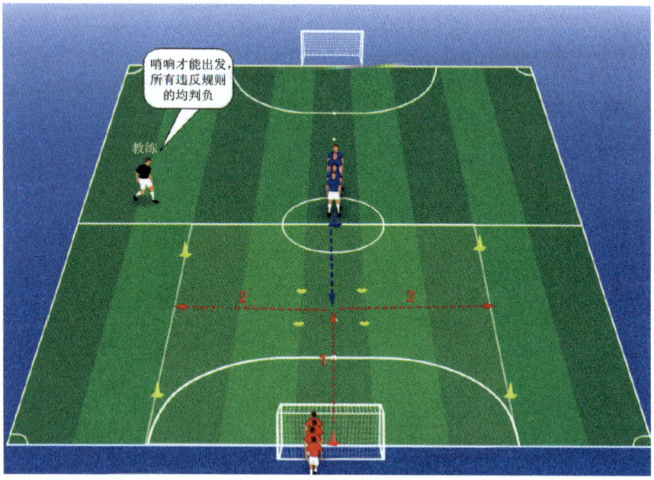

图　3-18

（1）组织方式

难　度	★★
场　地	长15米，宽15米。
人　员	将学生随机分为两队，一队红色，一队蓝色。
器　材	标志盘若干，标志桶若干。

（2）规则

① 双方一方为防守方，一方为进攻方。教练哨声响后，两队队员从与自己相同颜色的标志桶同时出发，跑向由4个黄色标志盘围成的方形区域。

② 黄色标志盘围成的方形区域为安全区，防守队员不能抓捕进攻队员，进攻队员可以通过假动作欺骗防守队员。

③ 左右两边的黄色标志桶各组成一个得分门，进攻队员可以选择任意一个区域进行进攻。

④ 进攻队员出安全区，防守队员即可对其进行抓捕。

（3）得分

① 进攻方成功抵达得分门，进攻队员得1分；

② 防守队员在进攻队员出安全区后，触碰到进攻队员的任意部位便视为防守成功，得3分；

③ 若进攻方在安全区域内停留时间超过5秒钟，则对手得1分；

④ 采用团队计分，两队攻守各做完一轮后对比总分。

（4）技术指导要点

① 防守队员在防守时降低重心（弯曲膝盖）；

② 防守队员时刻保持脚下活动（小跳）；

③ 哨声响起后全速跑向安全区，在快抵达时提前降速。

（5）教育指导要点

① 提高规则意识：任何违反规则的行为都会导致比赛失败；

② 团队精神：以团队的方式积分，要批评防守不积极的行为，这是不利于团队的做法，鼓励队员为了团队的胜利而不是自己的胜利而努力；

③ 责任感：强调个人的每一次成功防守和进攻对于团队的重要意义，鼓励其勇于承担责任。

2. 1V1防守教学-2

教学目标：提高队员1V1的防守能力，强调防守选位和上抢时机。

教育目标：提高学生的耐心、自信心、责任感和团队荣誉感。

图　3-19

（1）组织方式

难　度	★★★
场　地	长10米，宽10米。
人　员	将学生随机分为两队，一队红色，一队蓝色。
器　材	标志盘若干，标志桶若干。

（2）规则

① 双方一方为防守方，一方为进攻方。教练哨声响后，两队队员从与自己相同颜色的标志桶同时出发，进攻方进攻红色标志盘摆成的球门中的任意一个。

② 防守方尽量抢回或破坏球。

③ 黄色标志盘标识出边界，球出界视为进攻失败，进行下一组。

（3）得分

① 进攻球员将球运过球门得1分；

② 防守队员将球破坏出区域得1分，将球抢下踢过对方底线得3分；

③ 采用团队计分，两队攻守各做完一轮后对比总分。

（4）技术指导要点

① 开始时高速靠近进攻队员，在快接近时提前降速降重心；

② 防守队员防守时侧身站位，将进攻方向某一侧驱赶，将注意力放在球上，减少对方假动作造成的干扰；

③ 逐渐靠近用身体给对手施压，当进攻队员距离球较远时果断上抢。

（5）教育指导要点

① 耐心：强调防守成功率的重要性，随时用语言安抚防守队员要有耐心；

② 自信心：在机会出现时果断上抢，用语言激励队员提高自信心；

③ 团队精神：以团队的方式积分，要批评防守不积极的行为，这是不利于团队的做法，鼓励队员为了团队的胜利而不是自己的胜利而努力；

④ 责任感：强调个人的每一次成功防守和进攻对于团队的重要意义，鼓励其勇于承担责任。

3. 1V1防守教学-3

教学目标：提高队员1V1的防守能力，强调防守选位和防守姿势。

教育目标：提高学生的自信心、责任感和团队荣誉感。

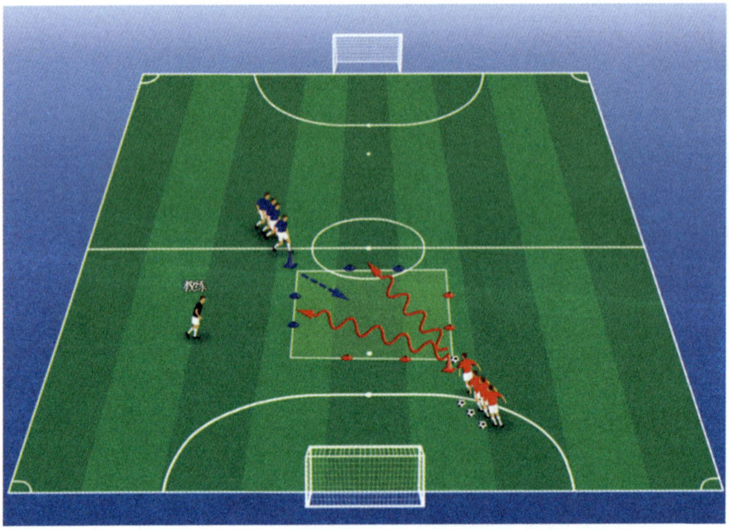

图 3-20

（1）组织方式

难　度	★★★★
场　地	长10米，宽10米。
人　员	将学生随机分为两队，一队红色，一队蓝色。
器　材	标志盘若干，标志桶若干。

（2）规则

① 双方一方为防守方，一方为进攻方。教练哨声响后，两队队员从与自己相同颜色的标志桶同时出发，进攻方进攻对手颜色相同的标志盘摆成的两个球门中的任意一个球门。

② 防守方尽量抢断进攻方球，球权转换则攻守方转换。

③ 球超出标志桶围成的区域则为出界，回合结束。

④ 两轮结束后起始攻守方互换。

（3）得分

① 将球带过对方球门得1分；

② 采用团队计分，两队攻守各做完一轮后对比总分。

（4）技术指导要点

① 防守队员防守时侧身站位，将进攻方向某一侧驱赶，将注意力放在球上，减少对方假动作造成的干扰；

② 用身体给对手压力，看准时机果断上抢；

③ 可以通过防守假动作变被动为主动。

（5）教育指导要点

① 自信心：在机会出现时果断上抢，用语言激励队员提高自信心；

② 耐心：出现冒失上抢的情况要统一叫停，或一对一进行沟通，鼓励队员在防守时要有耐心；

③ 团队精神：以团队的方式积分，要批评防守不积极的行为，这是不利于团队的做法，鼓励队员为了团队的胜利而不是自己的胜利而努力；

④ 责任感：强调个人的每一次成功防守和进攻对于团队的重要意义，鼓励其勇于承担责任。

4. 1V1防守教学-4

教学目标：提高队员1V1的防守能力，强调防守选位、防守姿势和上抢时机。

教育目标：提高学生的自信心、责任感和团队荣誉感。

图 3-21

（1）组织方式

难 度	★★★
场 地	长15米，宽15米。
人 员	将学生随机分为两队，一队红色，一队蓝色。
器 材	标志盘若干，标志桶若干。

（2）规则

① 双方一方为防守方，一方为进攻方。教练哨声响后，两队队员从与自己相同颜色的标志桶同时出发，进攻方进攻与对手颜色相同的标志桶摆成的两个球门中的任意一个球门。

② 防守方抢断或破坏球。

③ 球超出黄色标志盘围成的区域则为出界，回合结束。

（3）得分

① 进攻方将球打入球门得1分；

② 防守方将球破坏得1分，抢下球并将球踢到中场线处标志桶摆成的球门内则得3分；

③ 采用团队计分，两队攻守各做完一轮后对比总分。

（4）技术指导要点

① 开始时高速靠近进攻队员，在快接近时提前降速降重心；

② 防守队员防守时侧身站位，将进攻方向某一侧驱赶，将注意力放在球上，减少对方假动作造成的干扰；

③ 逐渐靠近用身体给对手施压，当进攻队员距离球较远时果断上抢。

（5）教育指导要点

① 耐心：强调防守成功率的重要性，随时用语言安抚防守队员要有耐心，在出现冒失上抢造成的防守失败时果断叫停；

② 自信心：在机会出现时果断上抢，用语言激励队员提高自信心；

③ 团队精神：以团队的方式积分，要批评防守不积极的行为，这是不利于团队的做法，鼓励队员为了团队的胜利而不是自己的胜利而努力。

5. 1V1防守教学-5

教学目标： 提高队员防守选位和上抢决策能力，改善防守姿势。

教育目标： 提高学生的自信心、责任感和团队荣誉感。

图 3-22

（1）组织方式

难　度	★★★
场　地	长15米，宽15米。
人　员	将学生随机分为两队，一队红色，一队蓝色。
器　材	标志盘若干，标志桶若干。

（2）规则

① 双方一方为防守方，一方为进攻方。教练哨声响后，进攻方从与自己颜色相同的标志桶出发，防守方从点球点出发，进攻方进攻球门。

② 防守方抢断或破坏球，防守方抢球成功后进攻中线处两个球门中的任意一个。

③ 球超出黄色标志盘围成的区域则为出界，回合结束。

④ 两轮结束后起始攻守方互换。

（3）变化

改变进攻队员起始位置。

（4）得分

① 进攻方将球打入球门得1分；

② 防守方将球破坏或抢断球得1分，抢下球后将球立刻传进中场线处标志桶摆成的球门内则再得2分；

③ 采用团队计分，两队攻守各做完一轮后对比总分。

（5）技术指导要点

① 开始时高速靠近进攻队员，在快接近时提前降速降重心；

② 防守队员防守时侧身站位，将进攻方向某一侧驱赶，将注意力放在球上，减少对方假动作造成的干扰；

③ 抢到球后立刻尝试将球传过球门；

④ 尽量将进攻球员向边路和底线驱赶；

⑤ 逐渐靠近用身体给对手施压，防止进攻队员射门，当进攻队员距离球较远时果断上抢。

（6）教育指导要点

① 耐心：强调防守成功率的重要性，随时用语言安抚防守队员要有耐心，在出现冒失上抢造成的防守失败时果断叫停；

② 自信心：在机会出现时果断上抢，用语言激励队员提高自信心；

③ 团队精神：以团队的方式积分，要批评防守不积极的行为，这是不利于团队的做法，鼓励队员为了团队的胜利而不是自己的胜利而努力；

④ 责任感：强调个人的每一次成功防守和进攻对于团队的重要意义，鼓励其勇于承担责任。

五　二人小组技战术练习方法

1. 2V1传接球练习

教学目标： 通过跑动制造空当，提高传接球能力。

教育目标： 培养学生的观察能力、应变能力、协作能力，养成坚韧的性格。

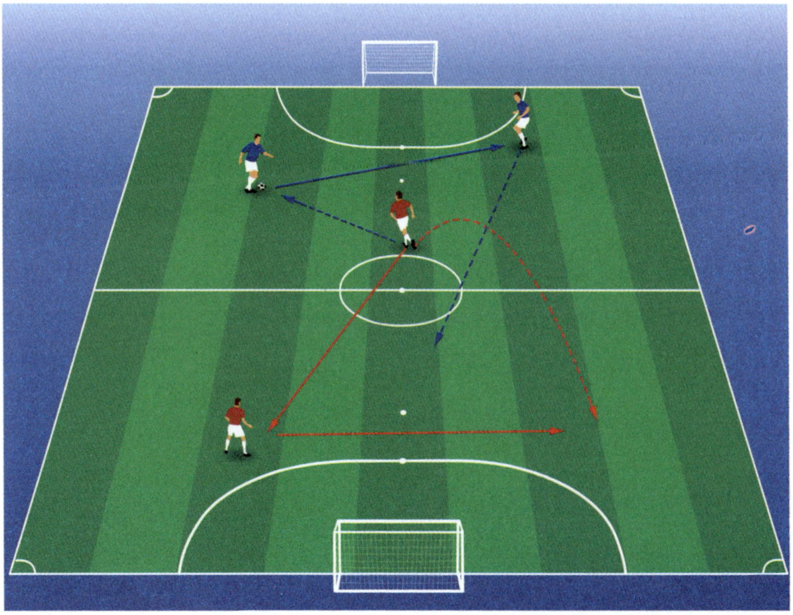

图　3-23

（1）组织方式

难　度	★★★
场　地	长40米，宽20米。
人　员	每个半场二人进攻，一人抢断。
器　材	两种颜色的分队服若干、球若干。
方　法	① 蓝队在本方半场进行跑动传接球练习，红队1名队员进行抢断，进攻方通过跑动制造空当； ② 防守队员抢到球后迅速将球传给队友，并回到本方半场进行传接球练习，蓝队1名队员变成防守队员，进行抢断。

（2）得分

进攻方每成功传球1次可得1分，防守方抢球成功每次得2分。

（3）变化

① 限制触球次数；

② 防守队员抢下球后运球回到本方半场。

（4）技术指导要点

① 队友间的呼应与交流；

② 传球的准确性与时机；

③ 积极跑动。

（5）教育指导要点

① 团队沟通交流协作能力；

② 培养学生敢于面对困难的勇气；

③ 培养学生决策能力；

④ 培养学生坚忍的意志品质。

2. 2V2练习

教学目标：通过跑动制造空当，提高二人间配合能力。

教育目标：培养学生的观察能力、应变能力、协作能力，养成勇敢、坚忍的性格。

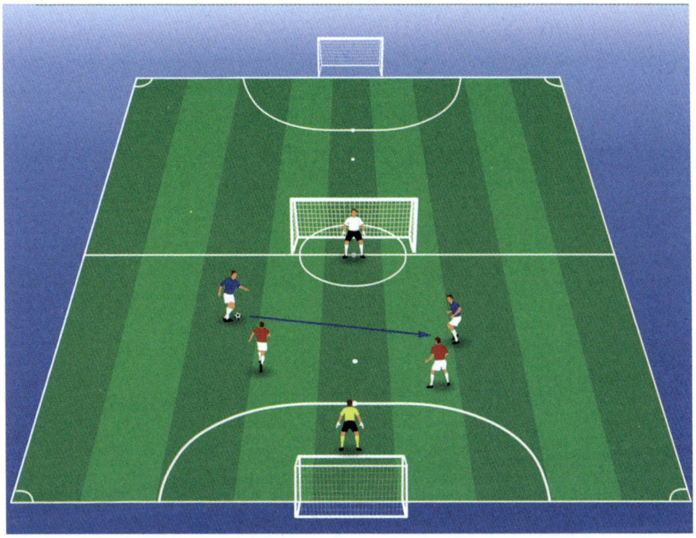

图　3-24

（1）组织方式

难　度	★★★
场　地	长20米，宽20米。
人　员	4+2GK。
器　材	3种颜色的分队服若干，球若干。
方　法	在半场范围内进行2V2比赛。

（2）得分

进攻方每成功传球1次可得1分，防守方抢球成功每次得2分。

（3）变化

① 不设置守门员；

② 减少1名防守队员；

③ 限定完成一次进攻的时间。

（4）技术指导要点

① 队友间的呼应与交流；

② 传球的准确性与时机；

③ 积极跑动；

④ 攻防转换迅速。

（5）教育指导要点

① 团队沟通交流协作能力；

② 培养学生敢于面对困难的勇气；

③ 培养学生决策能力；

④ 培养学生坚忍的意志品质。

3. 二人行进间传跑射门练习

教学目标：掌握二人间传跑射门技术。

教育目标：培养学生的观察能力、应变能力、协作能力。

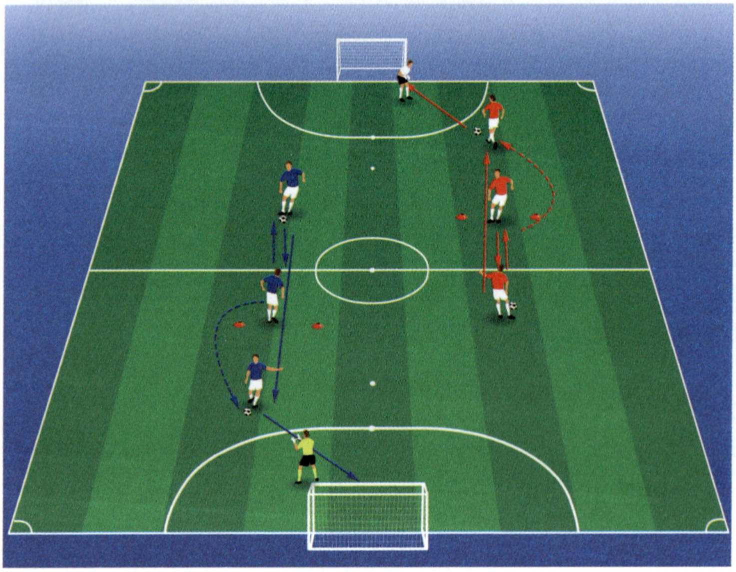

图 3-25

（1）组织方式

难 度	★★
场 地	长20米，宽20米。
人 员	每组二人进攻，设置1个守门员。
器 材	两种颜色的分队服若干、球若干，标志盘若干，球门两个。
方 法	A将球传给B，B不停球直接将球回传给A后，转身绕过标志盘向前跑动。A从两个标志盘之间将球传到B跑动路线上，A接球后完成射门。

（2）得分

进球进攻方得1分，射失或被扑出则防守方得1分。

（3）变化

① 可先不设置门将；

② 限制射门队员触球次数；

③ 非惯用脚射门。

（4）技术指导要点

① 队友间的呼应与交流；

② 传球的准确性与时机；

③ 观察守门员位置。

（5）教育指导要点

① 团队沟通交流协作能力；

② 培养学生敢于面对困难的勇气；

③ 培养学生决策能力；

④ 培养学生自信心。

4. 二人间传接球练习

教学目标：通过跑动制造空当，提高传球成功率。

教育目标：培养学生的观察能力、协作能力。

（1）组织方式

难　度	★★★
场　地	长10米，宽10米。
人　员	3个人以上。
器　材	分队服若干，球若干。
方　法	设置如图3-26所示区域，进攻队员在区域两侧左右移动，避开防守队员进行传接球练习。防守队员负责抢断，但不可出方形区域，进攻队员不可进入该区域。

图 3-26

（2）得分

进攻方每成功传球1次可得1分，防守方抢球成功每次得3分。

（3）变化

逐渐缩小场地。

（4）技术指导要点

① 队友间的呼应与交流；

② 传球的准确性与时机；

③ 积极跑动。

（5）教育指导要点

① 团队沟通交流协作能力；

② 培养学生敢于面对困难的勇气；

③ 培养学生决策能力和应变能力。

5. 二人间传射配合练习

教学目标： 掌握二人间传球接射门技术。

教育目标： 培养学生的观察能力、沟通能力和合作能力。

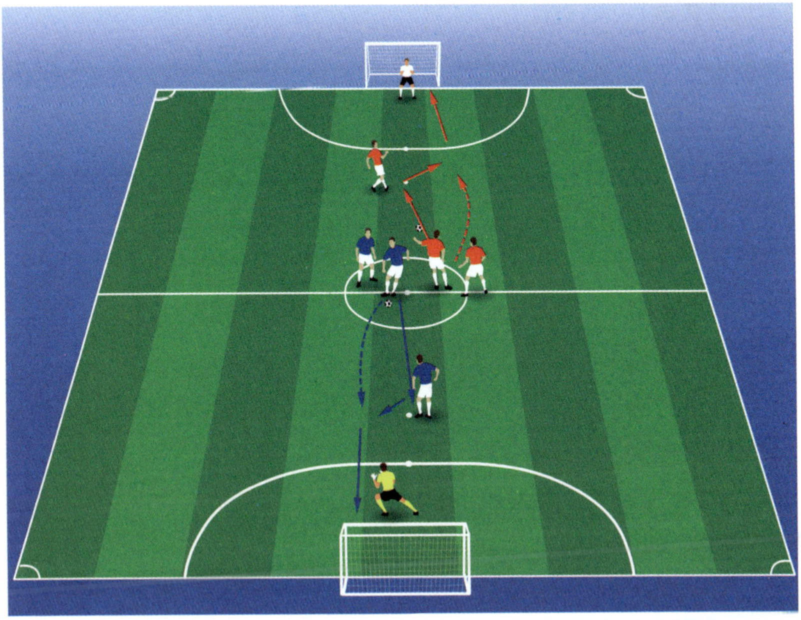

图　3-27

（1）组织方式

难　度	★★
场　地	长20米，宽20米。
人　员	每组二人进攻，设置1个守门员。
器　材	两种颜色的分队服若干，球若干，球门两个。
方　法	① 中路队员A将球传给队友B，并大声告诉队友自己期望的方向； ② B按照A的要求将球传到其跑动路线； ③ 由A完成射门。

（2）得分

进球进攻方得1分，射失或被扑出则防守方得1分。

（3）变化

① 可先不设置守门员；

② 限制射门队员触球次数；

③ 用非惯用脚射门。

（4）技术指导要点

① 队友间的呼应与交流；

② 射门的力度与角度；

③ 传球的准确性；

④ 观察守门员位置。

（5）教育指导要点

① 团队沟通交流协作能力；

② 培养学生观察力；

③ 培养学生决策能力；

④ 培养学生自信心。

6. 二人间后套配合练习

教学目标： 掌握二人间后套配合技术。

教育目标： 培养学生的观察能力、沟通能力和合作能力。

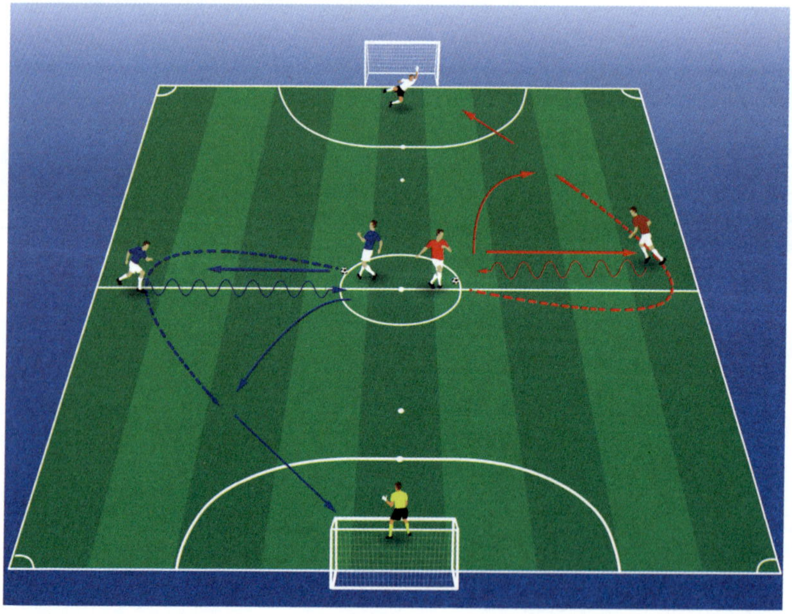

图 3-28

（1）组织方式

难　度	★★
场　地	长20米，宽20米。
人　员	每组二人进攻，设置1个守门员。
器　材	两种颜色的分队服若干，球若干，球门两个。
方　法	① 中路队员A将球传给队友B； ② B接球后向A方向运球； ③ A向B跑动，经过B后向进攻方向跑动； ④ B将球传给A，A接球后完成射门。

（2）得分

进球得1分，防守成功守门员得1分。

（3）变化

① 可先不设置守门员；

② B传给A时，开始先传地滚球，后可改为挑传；

③ 增加1名防守队员。

（4）技术指导要点

① 队友间的呼应与交流；

② 传球的准确性；

③ 传球的时机。

（5）教育指导要点

① 团队沟通交流协作能力；

② 培养学生观察力；

③ 培养学生决策能力；

④ 通过成功体验建立学生的自信心。

7. 二人间交接配合练习

教学目标：掌握二人间交接配合技术。

教育目标：培养学生的观察能力、协作能力、沟通能力。

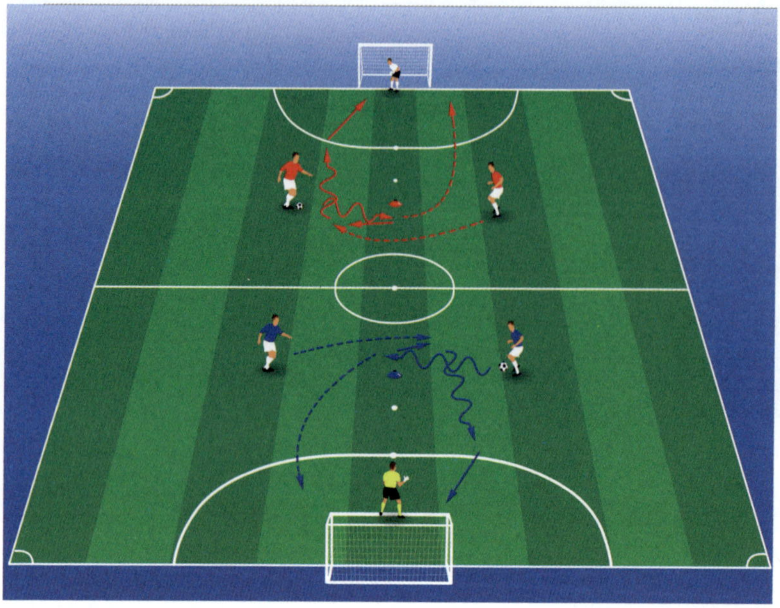

图 3-29

（1）组织方式

难　度	★★
场　地	长20米，宽20米。
人　员	每组2人+1GK。
器　材	分队服若干，球若干，球门两个。
方　法	A运球，B与A面对面跑动至标志点，B跑动至A身后时，二人做交接配合；B接球后适当调整，完成射门，A继续向后门柱跑动，准备补射。

（2）得分

射进1球可得1分，守门员扑救成功每次得3分。

（3）变化

① 不设置守门员；

② 增加1名防守队员。

（4）技术指导要点

① 队友间的呼应与交流；

② 传球的准确性与时机；

③ 积极跑动；

④ 观察守门员位置。

（5）教育指导要点

① 团队沟通交流协作能力；

② 培养学生敢于面对困难的勇气；

③ 培养学生决策能力和应变能力。

8. 二人间墙式配合练习

教学目标： 掌握二人间墙式配合技术。

教育目标： 培养学生的观察能力、沟通能力和合作能力。

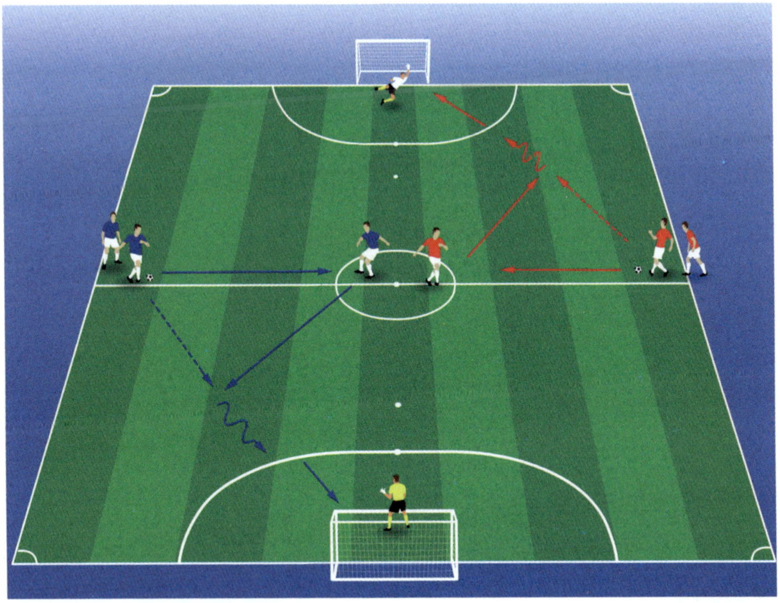

图　3-30

（1）组织方式

难　度	★★
场　地	长20米，宽20米。
人　员	每组二人进攻，设置1个守门员。
器　材	两种颜色的分队服若干，球若干，球门两个。

方 法	① 边路队员A将球传给队友B后，跑向球门方向。 ② B接球后，将球传到A的跑动路线上，由A完成射门。

（2）得分

进球得1分，防守成功守门员得1分。

（3）变化

① 可先不设置守门员；

② 规定做球队员一脚触球；

③ 增加1名防守队员。

（4）技术指导要点

① 要有眼神交流和语言交流，无球人靠近接应；

② 传球的准确性；

③ 提高第一次触球的质量。

（5）教育指导要点

① 团队沟通交流协作能力；

② 培养学生观察力；

③ 培养学生冷静、坚决、果断的意志品质；

④ 通过成功体验建立学生的自信心。

9. 二人行进间传跑射门练习

教学目标：掌握2人行进间传跑射门技术。

教育目标：培养学生的观察能力、应变能力、协作能力。

（1）组织方式

难 度	★★
场 地	长40米，宽20米。
人 员	每组二人进攻，设置1个守门员。
器 材	两种颜色的分队服若干，球若干，球门一个。

方 法	① A将球传给B，B接球后向中场方向运球。 ② A从B身后跑动，B将球传到A跑动路线上，随后跑向后门柱，准备补射。 ③ A接球后继续运球，在罚球区外完成射门。

图 3-31

（2）得分

进球进攻方得1分，射失或被扑出则防守方得1分。

（3）变化

① 可先不设置守门员；

② 限制射门队员触球次数；

③ 左右边路调换。

（4）技术指导要点

① 队友间的呼应与交流；

② 传球的准确性与时机；

③ 观察守门员位置。

（5）教育指导要点

① 团队沟通交流协作能力；

② 培养学生敢于面对困难的勇气；

③ 培养学生决策能力；

④ 培养学生自信心。

10. 倒三角回传射门练习

教学目标： 掌握倒三角回传射门战术。

教育目标： 培养学生的观察能力、协作能力、应变能力、沟通能力。

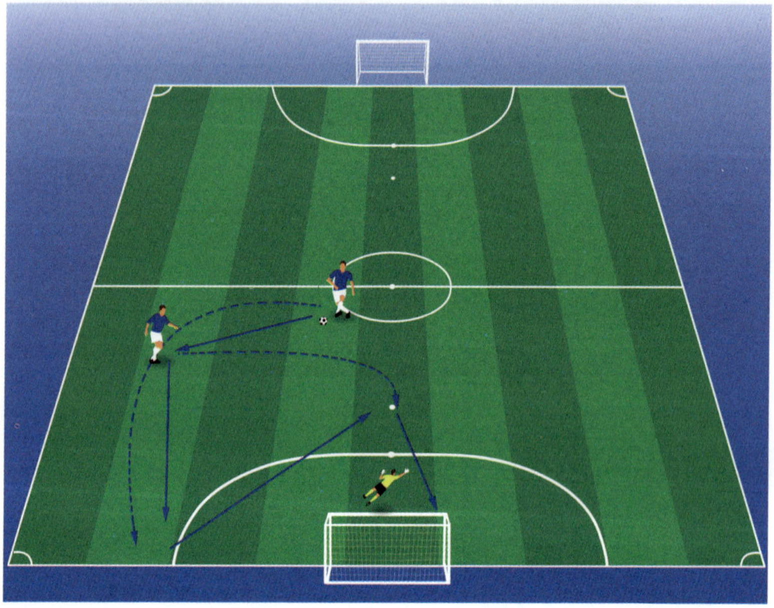

图 3-32

（1）组织方式

难 度	★★
场 地	长20米，宽20米。
人 员	2+1GK。
器 材	分队服若干，球若干，球门1个。

方　法	① A将球传给B后做后套配合。 ② B将球传到A跑动路线后向大点球点跑动。 ③ A在底线附近接球后将球回传给点球点附近的B，B完成射门，A准备补射。

（2）得分

射进一球可得1分，守门员扑救成功每次得3分。

（3）变化

① 不设置守门员；

② 增加1名防守队员。

（4）技术指导要点

① 队友间的呼应与交流；

② 传球的准确性与时机；

③ 积极跑动；

④ 观察守门员位置。

（5）教育指导要点

① 团队沟通交流协作能力；

② 培养学生敢于面对困难的勇气；

③ 培养学生决策能力和应变能力。

六 2V2防守练习

1. 2V2防守-1

教学目标： 提高队员2V2防守对于压迫、保护位置的理解。

教育目标： 提高学生防守的自信心，对空间位置的理解以及责任感。

（1）组织方式

难　度	★★★
场　地	长20米，宽15米。
人　员	将学生随机分为两队，一队红色，一队蓝色。

器　材	分队服若干，标志盘若干，球若干，球门两个。
方　法	进攻队员持球进攻，防守队员保持平衡、保护位置。完成射门或抢断即为结束。

图　3-33

（2）得分

进攻方5秒内射进得分，防守方断球、破坏得1分。

（3）技术指导要点

① 压迫的时机、距离和角度；

② 保护队员与压迫队员的距离、角度；

③ 压迫与保护队员之间的呼应；

④ 保护队员对无球队员的注意。

（4）教育指导要点

① 注意力高度集中，敢于抢断球，决策果断；

② 尊重规则和对手，严格执行出界规则，不得采用犯规的方式，不得在防守成功后嘲笑对手；

③ 团队精神：通过相互配合完成防守，出现失误不气馁，相互鼓励；

④ 责任感：强调个人的每一次防守对于团队的重要意义，鼓励其勇于承担责任，不惧困难，坚韧不拔，保持强大的自信心。

2. 2V2防守-2

教学目标： 提高队员2V2防守对于盯人、盯位的理解。

教育目标： 提高学生防守的自信心，对空间位置的理解以及队友间的沟通。

（1）组织方式

难　度	★★★
场　地	长20米，宽15米。
人　员	将学生随机分为两队，一队红色，一队蓝色。
器　材	分队服若干，标志盘若干，球若干，球门两个。
方　法	进攻队员持球进攻，无球队员前插，保护队员盯人或盯位。

图　3-34

（2）得分

进攻方5秒内射进得分，防守方断球、破坏得1分。

（3）技术指导要点

① 压迫的时机、距离和角度；

② 选择盯人或盯位的时机；

③ 压迫与保护队员之间的呼应；

④ 保护队员对无球队员的注意。

（4）教育指导要点

① 注意力高度集中，敢于抢断球，决策果断；

② 尊重规则和对手，严格执行出界规则，不得采用犯规的方式，不得在防守成功后嘲笑对手；

③ 团队精神：通过相互配合完成防守，出现失误不气馁，相互鼓励；

④ 责任感：强调个人的每一次防守对于团队的重要意义，鼓励其勇于承担责任，不惧困难，坚韧不拔，保持强大的自信心。

3. 2V2防守-3

教学目标：提高队员2V2延缓能力。

教育目标：提高学生防守的自信心，对空间位置的理解以及决策速度。

图 3-35

（1）组织方式

难　度	★★★★
场　地	长30米，宽15米。
人　员	将学生随机分为两队，一队红色，一队蓝色。
器　材	分队服若干，标志盘若干，球若干，球门两个。
方　法	进攻队员持球进攻，防守队员延缓等待同伴快速回防。

（2）得分

进攻方3秒内射进得分，防守方断球、破坏得1分。

（3）技术指导要点

① 延缓的时机、距离和角度；

② 与守门员的呼应；

③ 回防队员全速；

④ 切断传球路线。

（4）教育指导要点

① 注意力高度集中，敢于抢断球，果断；

② 尊重规则和对手，严格执行出界规则，不得采用犯规的方式，不得在防守成功后嘲笑对手；

③ 团队精神：回防迅速，为队友争取时间，出现失误不气馁，相互鼓励；

④ 责任感：强调个人的每一次防守对于团队的重要意义，鼓励其勇于承担责任，不惧困难，坚韧不拔，保持强大的自信心。

4. 2V2防守-4

教学目标：提高队员2V2回追协防的能力。

教育目标：提高学生防守的自信心，对空间位置的理解以及队友间协调配合的能力。

图 3-36

(1) 组织方式

难 度	★★★★
场 地	长30米，宽15米。
人 员	将学生随机分为两队，一队红色，一队蓝色。
器 材	分队服若干，标志盘若干，球若干，球门两个。
方 法	进攻队员持球进攻，防守队员延缓等待同伴快速协防。

(2) 得分

进攻方3秒内射进得分，防守方断球、破坏得1分。

(3) 技术指导要点

① 延缓的时机、距离和角度；

② 与守门员的呼应；

③ 回防队员全速；

④ 切断传球路线；

⑤ 协防同伴的呼应；

⑥ 夹抢的时机，角度、方向。

（4）教育指导要点

① 注意力高度集中，敢于抢断球，果断；

② 尊重规则和对手，严格执行出界规则，不得采用犯规的方式，不得在防守成功后嘲笑对手；

③ 团队精神：回防迅速，为队友争取时间，出现失误不气馁，相互鼓励；

④ 责任感：强调个人的每一次防守对于团队的重要意义，鼓励其勇于承担责任，不惧困难，坚韧不拔，保持强大的自信心。

5. 2V2防守-5

教学目标：提高队员2V2防守对于压迫、保护位置的理解。

教育目标：提高学生防守的自信心，对空间位置的理解以及责任感。

（1）组织方式

难　度	★★★
场　地	长25米，宽20米。
人　员	将学生随机分为两队，一队红色，一队蓝色。
器　材	分队服若干，标志盘若干，球若干，球门两个。
方　法	进攻队员持球进攻，防守队员保持平衡、保护位置。 进攻阵型0-3，防守阵型2-1。

（2）得分

进攻方10秒内射进得分，防守方断球、破坏得1分。

图 3-37

（3）技术指导要点

① 压迫的时机、距离和角度；

② 保护队员与压迫队员的距离、角度；

③ 压迫与保护队员之间的呼应；

④ 保护队员对无球队员的注意。

（4）教育指导要点

① 注意力高度集中，敢于抢断球，果断；

② 尊重规则和对手，严格执行出界规则，不得采用犯规的方式，不得在防守成功后嘲笑对手；

③ 团队精神：保持好阵型，出现失误不气馁，相互鼓励；

④ 责任感：强调个人的每一次防守对于团队的重要意义，鼓励其勇于承担责任，不惧困难，坚韧不拔，保持强大的自信心。

6. 2V2防守-6

教学目标：提高队员2V2防守对于盯人、盯位的理解。

教育目标：提高学生防守的自信心，对空间位置的理解以及队友间的沟通。

图 3-38

（1）组织方式

难 度	★★★★
场 地	长25米，宽20米。
人 员	将学生随机分为两队，一队红色，一队蓝色。
器 材	分队服若干，标志盘若干，球若干，一个球门。
方 法	进攻队员持球进攻，无球队员前插，保护队员盯人或盯位。 进攻阵型0-3，防守阵型2-1。

（2）得分

进攻方10秒内射进得分，防守方断球、破坏得1分。

（3）技术指导要点

① 压迫的时机、距离和角度；

② 选择盯人或盯位的时机；

③ 压迫与保护队员之间的呼应；

④ 保护队员对无球队员的注意。

（4）教育指导要点

① 注意力高度集中，敢于抢断球，决策果断；

② 尊重规则和对手，严格执行出界规则，不得采用犯规的方式，不得在防守成功后嘲笑对手；

③ 团队精神：回防迅速，为队友争取时间，出现失误不气馁，相互鼓励；

④ 责任感：强调个人的每一次防守对于团队的重要意义，鼓励其勇于承担责任，不惧困难，坚韧不拔，保持强大的自信心。

7. 2V2防守-7

教学目标：提高队员2V2延缓等待同伴回防的能力。

教育目标：提高学生防守的自信心，对空间位置的理解以及决策速度。

图 3-39

（1）组织方式

难 度	★★★★
场 地	长30米，宽15米。
人 员	将学生随机分为两队，一队红色，一队蓝色。

器　材	分队服若干，分队若干，球若干，一个球门。
方　法	进攻队员持球进攻，防守队员延缓等待同伴快速回防。 进攻阵型1-2，防守阵型1-2。

（2）得分

进攻方3秒内射进得分，防守方断球、破坏得1分。

（3）技术指导要点

① 延缓的时机、距离和角度；

② 与守门员的呼应；

③ 回防队员全速；

④ 切断传球路线。

（4）教育指导要点

① 注意力高度集中，敢于抢断球，果断；

② 尊重规则和对手，严格执行出界规则，不得采用犯规的方式，不得在防守成功后嘲笑对手；

③ 团队精神：回防迅速，为队友争取时间，出现失误不气馁，相互鼓励；

④ 责任感：强调个人的每一次防守对于团队的重要意义，鼓励其勇于承担责任，不惧困难，坚韧不拔，保持强大的自信心。

8. 2V2防守-8

教学目标：提高队员2V2延缓等待同伴协防的能力。

教育目标：提高学生防守的自信心，对空间位置的理解以及队友间协调配合的能力。

（1）组织方式

难　度	★★★★
场　地	长35米，宽15米。
人　员	将学生随机分为两队，一队红色，一队蓝色。
器　材	分队服若干，球若干，一个球门。
方　法	进攻队员持球进攻，防守队员延缓等待同伴快速协防。进攻阵型1-2，防守阵型1-2。

（2）得分

进攻方3秒内射进得分，防守方断球、破坏得1分。

图 3-40

（3）技术指导要点

① 延缓的时机、距离和角度；

② 与守门员的呼应；

③ 回防队员全速；

④ 切断传球路线；

⑤ 协防同伴的呼应，协防的方向。

（4）教育指导要点

① 注意力高度集中，敢于抢断球，果断；

② 尊重规则和对手，严格执行出界规则，不得采用犯规的方式，不得在防守成功后嘲笑对手；

③ 团队精神：回防迅速，为队友争取时间，出现失误不气馁，相互鼓励；

④ 责任感：强调个人的每一次防守对于团队的重要意义，鼓励其勇于承担责任，不惧困难，坚韧不拔，保持强大的自信心。

9. 2V2防守-9

教学目标： 提高队员2V2防守对于进攻队员交叉换位盯人的能力。

教育目标： 提高学生防守的自信心，对空间位置的理解以及责任感和团队荣誉感。

图　3-41

（1）组织方式

难　度	★★★
场　地	长20米，宽15米。
人　员	将学生随机分为两队，一队红色，一队蓝色。
器　材	分队服若干，球若干，一个球门。
方　法	进攻队员持球进攻，进行交接配合，防守队员做好盯人防守。

（2）得分

进攻方5秒内射进得分，防守方断球、破坏得1分。

（3）技术指导要点

① 压迫的时机、距离和角度；

② 保护队员与压迫队员的距离、角度；

③ 压迫与保护队员之间的呼应，交接盯人的时机；

④ 保护队员对无球队员的注意。

（4）教育指导要点

① 注意力高度集中，敢于抢断球，果断；

② 尊重规则和对手，严格执行出界规则，不得采用犯规的方式，不得在防守成功后嘲笑对手；

③ 团队精神：回防迅速，为队友争取时间，出现失误不气馁，相互鼓励；

④ 责任感：强调个人的每一次防守对于团队的重要意义，鼓励其勇于承担责任，不惧困难，坚韧不拔，保持强大的自信心。

10. 2V2防守-10

教学目标： 提高队员2V2防守对于进攻队员交叉换位盯人的能力。

教育目标： 提高学生防守的自信心，对空间位置的理解以及责任感和团队荣誉感。

图 3-42

（1）组织方式

难 度	★★★★

场　地	长20米，宽15米。
人　员	将学生随机分为两队，一队红色，一队蓝色。
器　材	分队服若干，标志盘若干，球若干，球门两个。
方　法	进攻队员持球进攻，进行交接配合，防守队员做好盯人防守。 进攻阵型1-2，防守阵型2-1。

（2）得分

进攻方5秒内射进得分，防守方断球、破坏得1分。

（3）技术指导要点

① 压迫的时机、距离和角度；

② 保护队员与压迫队员的距离、角度；

③ 压迫与保护队员之间的呼应，交接盯人的时机；

④ 保护队员对无球队员的注意。

（4）教育指导要点

① 注意力高度集中，敢于抢断球，果断；

② 尊重规则和对手，严格执行出界规则，不得采用犯规的方式，不得在防守成功后嘲笑对手；

③ 团队精神：回防迅速，为队友争取时间，出现失误不气馁，相互鼓励；

④ 责任感：强调个人的每一次防守对于团队的重要意义，鼓励其勇于承担责任，不惧困难，坚韧不拔，保持强大的自信心。

七　三人小组技战术练习方法

1. 三人间传接球-1

教学目标：提高摆脱身后盯防人的能力，可以熟练运用此技术。

教育目标：提高学生的观察能力，建立一定的沟通能力。

（1）组织方式

难　度	★★★
场　地	约长20米，宽8米。

人　员	将学生如图3-43所示分为两队，一队红色，一队蓝色。
器　材	分队服若干，标志盘9个，球6个。
方　法	两名队员在标志盘中间传球给中间队员，中间队员接球后选择回传或摆脱防守队员，摆脱后将球传向第三名同伴，边路队员根据防守队员站位提醒接球队员能否接球后摆脱转身传球。

（2）得分

中间接球队员成功摆脱防守队员后传球给第三名队员得1分，防守队员成功抢断得1分。

图　3-43

（3）变化

① 人员位置轮换；

② 限制触球次数；

③ 可根据训练实际情况改变场地大小（如队员完成情况较好时可缩小宽度）。

（4）技术指导要点

① 观察防守队员位置，边路队员提示中路队员。中路队员在背对防守队员和进攻方向的情况下，同伴可以去提醒对方的防守情况。避免同伴因为视角问题而被破

坏球权。

② 要有速度上和方向上的变化。例如，先一侧慢跑，突然快速反向跑要球。

③ 利用假动作接球进行摆脱，鼓励做出不同尝试，用假动作和眼神去欺骗防守队员。

④ 注意接球的站位，在接球前尽量不要完全背对着进攻方向和防守队员。

（5）教育指导要点

① 提高同伴团队沟通交流协作能力；

② 通过不断的练习，培养学生坚韧不拔的意志品质；

③ 引导学生主动思考；

④ 建立学生的自信心，培养体育热情。

2. 三人间传接球-2

教学目标： 掌握传接球能力，以及在比赛中运用配合的能力。

教育目标： 提高学生的观察能力，建立一定的沟通能力。

图 3-44

（1）组织方式

难 度	★★★
场 地	约长6米，宽6米。
人 员	将学生如图3-44所示分为两队，一队红色，一队蓝色。
器 材	分队服若干，标志盘若干个，球若干。
方 法	3名进攻队员在区域内用两个球进行传接球配合练习，区域中间1名防守队员进行防守。防守抢断成功后防守队员可将球传给另外两名队员或将球运出区域，传球失误的队员可以马上进行反抢。若反抢成功则由防守队员继续防守，反抢失败则由传球失误队员变为防守队员。

（2）得分

进攻队员连续成功传球超过10次每人得1分，防守队员抢断成功得1分。

（3）变化

① 可先用一个球进行练习；

② 限制触球次数；

③ 可根据训练实际情况改变场地大小（如队员完成情况较差时可扩大区域）。

（4）技术指导要点

① 要有眼神交流和语言交流，无球队员积极移动靠近接应持球队员；

② 提高传球的质量和隐蔽性，尽快出球，可以用假动作或眼神欺骗防守队员，尽可能不暴露传球意图；

③ 提高第一次触球的质量，做好接球前的准备，提前想好下一步的行动，避免等球到了脚下后才做打算；

④ 丢球后快速反抢，思想上和行动上快速转换，由进攻转为防守，快速主动上前压迫对手，以实现重新获得球权。

（5）教育指导要点

① 提高同伴团队沟通交流协作能力；

② 提供同伴间的默契程度；

③ 培养学生冷静、坚决、果断的意志品质；

④ 建立学生的自信心，培养体育热情。

3. 三人间传接球-3

教学目标： 掌握渗透球进攻的能力，在比赛中可以熟练运用此技术。

教育目标： 提高学生的协作能力，建立一定的默契。

（1）组织方式

难　度	★★
场　地	约长25米，宽15米。
人　员	学生如图3-45所示站在各自标志盘旁。
器　材	标志盘若干个，球若干，人墙道具若干，球门1个。
方　法	先由1名队员运球到标志桶前传向第二名队员；第二名队员先进行摆脱后接球，将球回传给第一名队员；第三名队员则快速向前跑动接第一名队员的渗透传球完成射门。

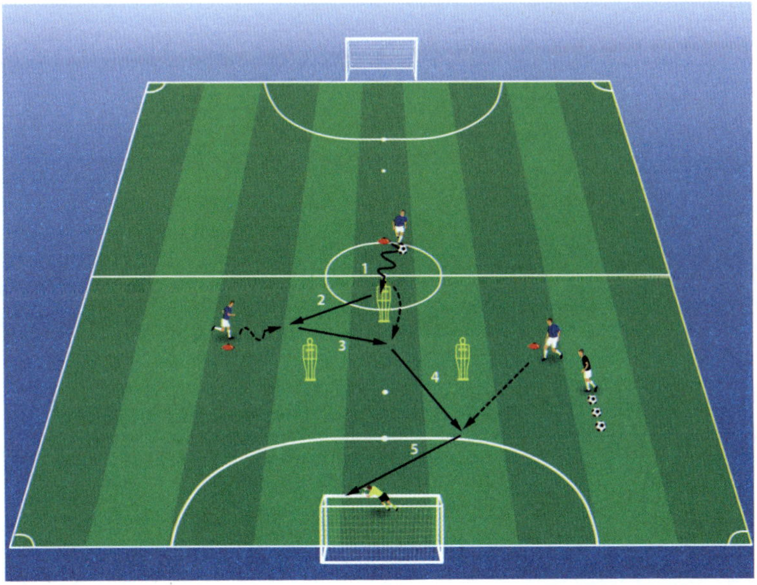

图　3-45

（2）变化

① 3名球员依次进行位置轮换；

② 限制触球次数；

③ 待练习熟练后第一名队员可以任意选择传球方向，另一边队员则前插；

④ 两名边路队员都需要前插。

（3）技术指导要点

① 观察同伴位置，做好接球前准备，当同伴传球的一瞬间，上前迎球，身体重心降低，膝盖弯曲；

② 提高传球的速度、准确性和角度，动作连贯舒展；

③ 注意传球的隐蔽性，注意身体的朝向，眼神和动作要有欺骗性。

（4）教育指导要点

① 提高同伴团队沟通交流协作能力，明白团队合作的重要性以及意义，提升同伴之间的默契；

② 通过不断的练习，培养学生坚韧不拔的意志品质；

③ 建立学生的自信心，培养体育热情。

4. 三人渗透球练习

教学目标： 队员掌握渗透球配合能力，以及在比赛中运用配合的能力。

教育目标： 提高学生运用技术的能力，以及团队意识，培养足球运动习惯。

图 3-46

（1）组织方式

难　度	★★★★
场　地	约长20米，宽8米。
人　员	将学生如图3-46所示分为两队，一队红色，一队蓝色。
器　材	分队服若干，标志盘12个，球若干。
方　法	由任意一侧发起进攻；3名队员在各自区域传球，将球传给不同区域队友；防守队员不能离开各自区域防守。

（2）得分

成功将球传向对侧得1分，防守队员在断球后互相传球超过两次得1分。

（3）变化

① 限制触球次数（可根据完成情况改为限制3脚出球）；

② 进攻方在被断球后允许进入其他区域进行反抢，反抢后继续传球。

（4）技术指导要点

① 抬头观察同伴位置，相互交流；

② 提高传球的质量和隐蔽性，尽快出球；

③ 接球队员灵活跑位；

④ 注意传球的时机、准确性、力度。

（5）教育指导要点

① 提高同伴团队协作能力；

② 提高同伴间的默契程度；

③ 培养学生与人合作的能力和不怕失败、敢于尝试的品质；

④ 建立学生的自信心，培养体育热情。

5. 三人快速进攻练习

教学目标：提高小组快速进攻能力，以及在比赛中运用配合的能力。

教育目标：提高学生的反应能力，建立一定的团队协作。

图 3-47

（1）组织方式

难 度	★★★★
场 地	约长20米，宽12米。
人 员	将学生如图3-47所示分为两队，一队红色，一队蓝色。
器 材	分队服若干，标志盘若干，球若干，标志杆若干。
方 法	两名进攻队员和两名防守队员绕过对应标志杆进入区域；由站在底线的第三名进攻队员传给同伴后进入区域开始快速进攻；两名防守队员绕过标志杆后进入区域进行防守。

（2）得分

进攻方8秒内带球越过底线得分；防守方将球抢断后带球越过底线得分。

（3）变化

① 限制进攻方进攻时间；

② 可根据训练实际情况改变场地大小（如队员完成情况较好时可缩小区域宽度）。

（4）技术指导要点

① 快速进攻：进攻队员进入场区内立刻开始进攻，最好在防守队员还没站好位

置之前；

② 及时交流、呼应：鼓励多出声音提醒队友，提高彼此的默契程度；

③ 无球队员积极跑位创造机会，通过跑动去干扰防守队员，从而为同伴创造进攻条件。

（5）教育指导要点

① 提高同伴团队沟通交流协作能力；

② 提高同伴间的默契程度；

③ 培养学生冷静、坚决、果断的意志品质；

④ 以正确的心态看待比赛胜负；

⑤ 学生在练习过程中能认真听、仔细看、动脑想、刻苦练，积极配合完成练习内容。

6. 三人墙式配合练习-1

教学目标：巩固队员墙式配合能力，以及在比赛中运用墙式配合的能力。

教育目标：提高学生运用技术的能力，以及团队意识，培养足球运动习惯。

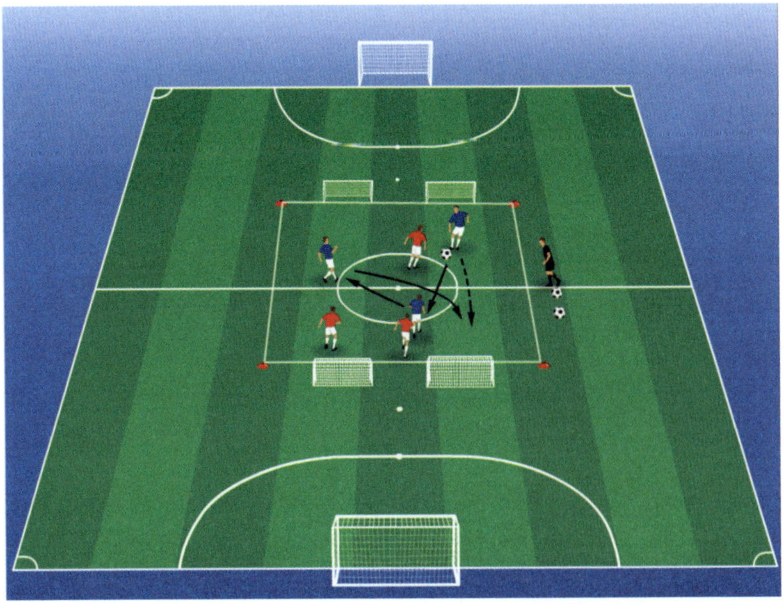

图　3-48

（1）组织方式

难　度	★★★
场　地	约长15米，宽12米。
人　员	将学生分为3人一组的两队，一队红色，一队蓝色。
器　材	分队服若干，标志盘4个，小球门4个，球若干。
方　法	三人一组，可考虑每组指定1名组长，各队分别防守两个小球门；进攻方持球，将球传给队友，然后快速向前跑动，队友回传给第三名队友，第三队友接球后传给向前插的队友，完成间接墙式配合；防守者成功抢得足球，向相反方向进攻。

（2）得分

进球得1分，若成功运用墙式配合完成进球得2分，计算团队得分。得分多的队伍获胜，获胜队中得分最多的成为第二天的队长。输的队伍负责收器材。

（3）技术指导要点

① 无球队员积极跑动，利用跑位牵制防守队员，在为同伴创造空间的同时创造进攻机会；

② 持球队员传球后要选择合适的位置去支援同伴，要避免站着踢球的情况；

③ 注意传球的时机、准确性、力度；

④ 在控制球权的情况下，积极尝试墙式配合，鼓励球员大胆尝试，锻炼自己的勇气，相信自己一定能行。

（4）教育指导要点

① 提高同伴团队协作能力；

② 尊重规则和对手，严格执行规则，不得采用犯规的方式，不得在得分或防守成功后嘲笑对手；

③ 理解合作对足球的重要性，以正确的态度对待比赛胜负；

④ 善于与同伴团结协作，并保持良好积极的合作环境。

7. 三人墙式配合练习-2

教学目标：提高队员墙式配合能力，包括传球准确性和传跑一致的能力。

教育目标：提高学生运用技术的自信心，以及责任感和团队荣誉感。

图　3-49

（1）组织方式

难　度	★★★★
场　地	约长15米，宽12米。
人　员	将学生按人数均分为两队，一队红色，一队蓝色。
器　材	分队服若干，标志盘4个，小球门4个，球若干。
方　法	三人一组，进攻对侧球门底线和对侧球门左侧；进攻方持球，将球传给队友，然后快速向前跑动，队友回传给第三名队友，第三名队友接球后传给向前插的队友，完成间接墙式配合；防守者成功抢得足球，向相反方向进攻。

（2）得分

① 进球得1分；

② 若运用墙式配合成功进球得3分，计算团队得分，得分多的队伍获胜，获胜队中得分最多的成为第二天的队长，输的队伍负责收器材。

（3）技术指导要点

① 抬头观察防守队员站位和空间，相互交流；

② 积极无球跑动，为同伴创造空间；

③ 注意传球的时机、准确性、力度与隐蔽性；

④ 传球后立即进行跑动要球，通过跑动摆脱换位摆脱防守人。

（4）教育指导要点

① 提高同伴团队协作能力；

② 尊重规则和对手，严格执行规则，不得采用犯规的方式，不得在得分或防守成功后嘲笑对手；

③ 团队精神：以团队的方式积分，要批评防守不积极的行为，这是不利于团队的做法，鼓励队员为了团队的胜利而不是自己的胜利而努力；

④ 善于与同伴团结协作，并保持良好积极的合作环境。

8. 三人后套练习-1

教学目标： 巩固队员后套配合能力，以及在比赛中运用配合的能力。

教育目标： 提高学生运用技术的能力，以及团队意识，培养足球运动习惯。

图 3-50

（1）组织方式

难　度	★★★
场　地	约长15米，宽10米。
人　员	将学生随机分为两队，一队红色，一队蓝色。
器　材	分队服若干，标志盘4个，球若干。
方　法	三人一组，可考虑每组指定1名组长；将球传给队友，然后快速跑动后套，队友回传给第三名队友，第三名队友接球后传给后套的队友，完成间接后套配合。如防守者成功抢得足球，向相反方向进攻。

（2）得分

将球停在对方线上得1分；若成功运用间接后套配合得2分；计算团队得分，得分多的队伍获胜。

（3）技术指导要点

① 抬头观察同伴位置，相互交流；

② 后套队员快速果断后套，为同伴创造空间；

③ 注意传球的时机、准确性、力度，争取做到传跑一致，球到人到。

（4）教育指导要点

① 提高同伴团队协作能力；

② 学会在团队中发现问题并尝试解决；

③ 理解合作对足球的重要性，以正确的态度对待比赛胜负；

④ 善于与同伴团结协作，并保持良好积极的合作环境。

9. 三人后套练习-2

教学目标： 掌握队员后套配合能力，以及在比赛中运用配合的能力。

教育目标： 提高学生运用技术的能力，以及团队意识，培养足球运动习惯。

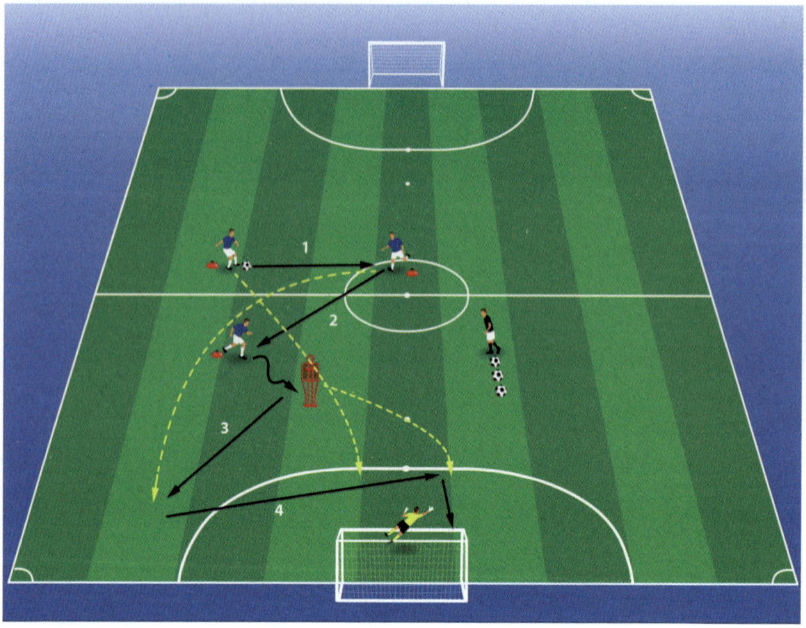

图 3-51

（1）组织方式

难 度	★
场 地	约长25米，宽12米。
人 员	3人。
器 材	标志盘3个，人墙道具1个（可用标志桶替代）。
方 法	三人一组，可考虑每组指定1名组长；边路队员传给中路队员后前插，中路队员将球传给前方队员后快速后套，队员得球后向中路带球，待合适时机时传球给后套队员后包抄，后套队员得球后传中。另外两名队员包抄射门。

（2）变化

① 人员位置变化；

② 套路变化（由中路队员传球给边路队员，边路队员传给前方队员后立刻后套接球传中，另外两名队员包抄射门）。

（3）技术指导要点

① 抬头观察同伴位置，相互交流，在练习中提升同伴之间的默契程度；

② 后套队员快速后套，为同伴创造空间，后套时要求要快，加快练习的速度，要体现出节奏的变化；

③ 注意传球的时机、准确性、力度；

④ 注意包抄的层次，在包抄射门时两名包抄队员可以选择交叉包抄或前后包抄，但要做好沟通，避免出现两个人抢到同一个点的情况。

（4）教育指导要点

① 提高团队协作能力，及时沟通；

② 学会在团队中发现问题并尝试解决；

③ 提高队员自主思考能力；

④ 善于与同伴团结协作，并保持良好积极的合作环境。

10. 三人间由守转攻练习

教学目标：掌握由守转攻能力，以及在比赛中运用配合的能力。

教育目标：提高学生的反应能力，建立一定的团队协作。

图　3-52

（1）组织方式

难 度	★★★★
场 地	约长20米，宽15米。
人 员	将学生如图3-52所示分为两队，一队红色，一队蓝色。
器 材	分队服若干，标志盘若干，球若干，球门两个。
方 法	先由一方在本方半场进行传球，连续传递超过10次则可以传向前场同伴进攻。另一方1名队员在前场进行防守。防守成功后另外两名队员快速到前场参与进攻。

（2）得分

进球得1分，结束后计算总得分。

（3）变化

① 限制进攻方触球次数；

② 可根据训练实际情况改变场地大小（如队员完成情况较差时可缩小区域）。

（4）技术指导要点

① 由守转攻时思想、态度快速转变，防守方断球后队员迅速进入前场参与进攻；

② 由攻转守后快速完成进攻；

③ 同伴之间要及时交流、沟通呼应；

④ 进攻方在丢球后快速反抢，争取重新获得控球权并发起二次进攻。

（5）教育指导要点

① 提高同伴团队沟通交流协作能力，明白团队合作的重要性以及意义；

② 提高同伴间的默契程度，增加队员之间的互动，建立良好的体育情谊；

③ 培养学生冷静、坚决、果断的意志品质，鼓励采取多种尝试，相信自己一定可以；

④ 以正确的心态看待比赛胜负；

⑤ 学生在练习过程中能认真听、仔细看、动脑想、刻苦练，积极配合完成练习内容。

八　3V3防守技术教学

1. 3V3防守技能教学-1

教学目标：提高队员3V3的防守能力，包括压迫、保护与平衡的能力。

教育目标：提高学生运用防守技术的主动性以及团队协作能力。

（1）组织方式

难　度	★★★
场　地	长15米，宽15米。
人　员	将学生按水平平均分为两队，一队红色，一队蓝色。
器　材	标志盘若干，球若干，分队服若干。
方　法	① 红方队员控球，蓝色防守队员在标志场地内进行随进攻球员传球的防守移动训练，双方起始位置为各自本方半场； ② 练习2分钟后进行攻守轮换。

（2）得分

起始的技术练习不涉及得分，当队员成功完成防守行为时教练员给予鼓励。

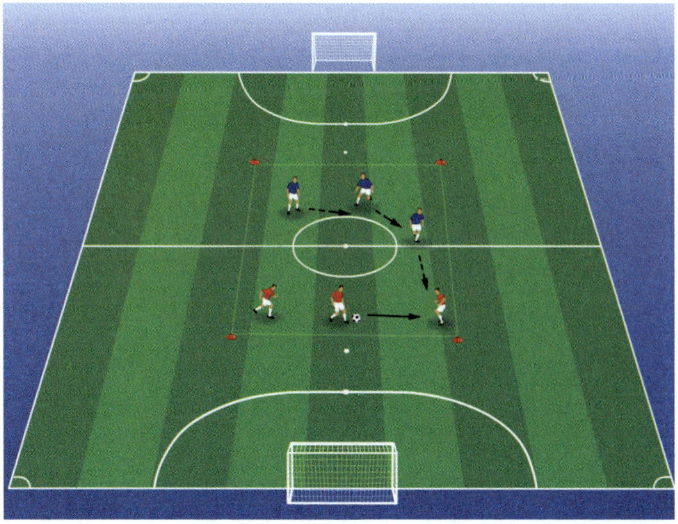

图　3-53

（3）技术指导要点

① 距离持球最近的防守队员应该立即向前进行压迫，剩余两名防守队员进行保护和平衡；

② 保护和平衡的队员需注意控制横向与纵向的距离；

③ 防守球员移动的速度；

④ 防守队员间要相互呼应。

（4）教育指导要点

① 激发出队员参与防守的动机，给予队员适当鼓励；

② 尊重对手，每一次防守都全力以赴；

③ 团队协作：以团队在防守中的表现为主，要适当对防守不积极的队员进行批评，并对其进行单独指导；

④ 责任感：强调个人每一次的积极防守对于团队的重要意义，鼓励其勇于承担责任。

2. 3V3防守技能教学-2

教学目标：提高队员3V3的防守能力，包括压迫、保护和平衡的能力。

教育目标：提高学生运用防守技术的主动性以及团队协作能力。

图 3-54

（1）组织方式

难 度	★★★
场 地	长20米，宽18米。
人 员	将学生按水平平均分为两队，一队红色，一队蓝色。
器 材	球若干，分队服若干，标志盘若干。
方 法	① 红色进攻队员先进行横向传球，蓝色防守队员根据球的移动盯人盯位，进攻防守各两组，在区域内3V3进行防守技能练习； ② 剩下的进攻防守队员在线后等待轮换。

（2）得分

越过对方的红色起始线即得分。教练员应对出现的问题及时进行反馈，并对队员符合技战术要求的行为给予鼓励。

（3）技术指导要点

① 离球最近队员快速向前形成压迫；

② 第二名防守队员根据压迫队员的方向的驱赶方向，进行支援和保护；

③ 第三名防守队员根据对手和队友的位置来选择盯人或盯位；

④ 防守阵型的保持与整体移动；

⑤ 防守队员相互间的呼应。

（4）教育指导要点

① 使学生感受足球活动比赛的乐趣，获得成功的体验，不断提高其参与足球运动的动机；

② 能够坚持完成有一定难度的足球活动；

③ 在足球活动中保持积极稳定的情绪；

④ 弘扬足球运动公平竞赛的精神。

3. 3V3防守技能教学-3

教学目标：提高队员3V3的防守能力，包括压迫、保护和平衡的能力。

教育目标：提高学生运用防守技术的主动性以及团队协作能力。

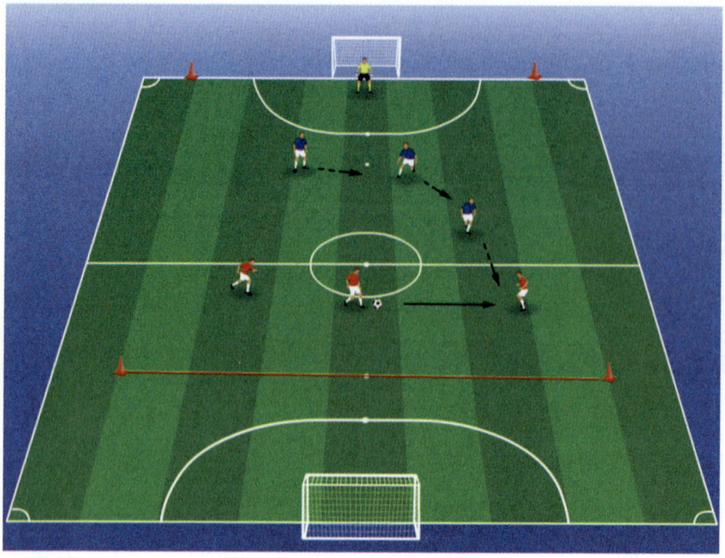

图 3-55

（1）组织方式

难 度	★★★
场 地	长30米，宽20米。
人 员	将学生按水平平均分为两队，一队红色，一队蓝色。
器 材	分队服若干，球若干，球门两个，标志桶若干。
方 法	① 3名队员为一组，红色进攻队员开始进攻，双方起始位置为各自本方半场； ② 在区域内形成3V3，蓝色防守队员断球后运球越过红队目标线； ③ 剩下3名队员在守方线后等待轮换。

（2）得分

进球得分。以团队进行计分，所有比赛结束后，总得分高的队伍获胜，并获得奖励。

（3）变化

控球方相互之间传递10脚球得1分。对场地大小进行调整。

（4）技术指导要点

① 盯人队员快速靠近进攻队员要根据进攻队员的位置侧身站立，与进攻队员保

持一臂距离降低重心，把进攻队员放在身前；

② 盯位的队员根据逼迫的方向进行保护，注意保护的深度及夹击的方向，保护的位置（向内、向外），距离（当第一人失位第二人可马上抢）；

③ 平衡防守人：离球最远端的队员应时刻保持注意力集中，在不用转头的情况下既可以看到球也可以看到进攻队员，近盯人远盯位。

（5）教育指导要点

① 让学生说出自己所战胜的困难，激发其自信心；

② 富有责任感，丢球后立即反抢；

③ 较高的执行力，按照要求进行技战术行为；

④ 在合作环境中与同伴友好相处，互相鼓励。

4. 3V3防守场景教学

教学目标：提高队员3V3的防守能力，包括压迫、保护和平衡的能力。

教育目标：提高学生运用防守技术的主动性以及团队协作能力。

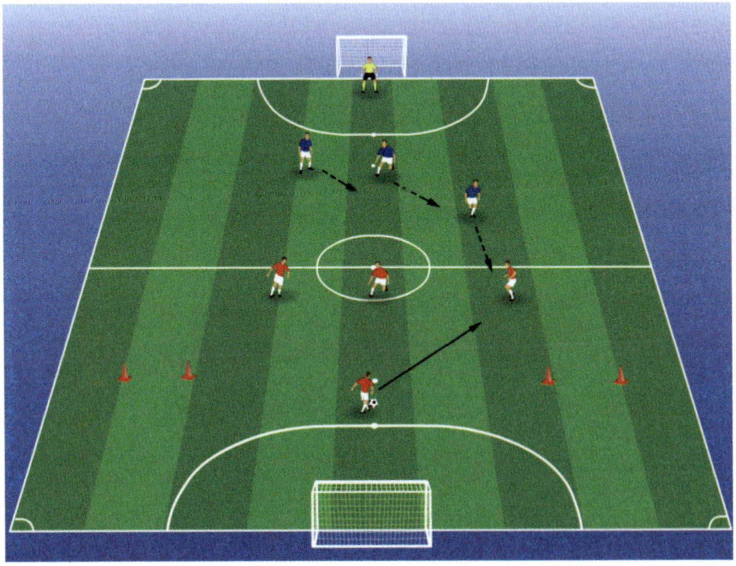

图　3-56

（1）组织方式

难　度	★★★
场　地	长30米，宽20米。
人　员	将学生按水平平均分为两队，一队红色，一队蓝色。
器　材	分队服若干，球若干，五人制球门两个，小球门两个，标志桶若干。
方　法	① 红队队员进攻，在区域内形成3V3； ② 防守队员断球后运球； ③ 其余队员在防守方线后等待轮换。

（2）变化

场地大小进行调整。

（3）得分

进球得分。以团队进行计分，所有比赛结束后，总得分高的队伍获胜，并获得奖励。

（4）技术指导要点

① 离球最近的防守队员第一时间快速上前压迫；

② 防守队员通过对方控球，切断持球队员传球路线，形成局部2V2；

③ 再从2V2中切断进攻队员间联系，形成局部夹抢；

④ 远端队员既能保护2V2的防守，又可兼顾远端的进攻队员。

（5）教育指导要点

① 表扬参与积极、团结友爱的学生，对其他学生进行鼓励；

② 培养爱护器材、爱护球场的良好习惯；

③ 注意力高度集中，要理解团队协作的意义，同伴之间要相互鼓励；

④ 教师引导学生总结本节课体会和行为优秀及不足之处，给学生发言的机会。

5. 3V3防守技术教学

教学目标：提高队员3V3的防守能力，包括压迫、保护和平衡的能力。

教育目标：提高学生运用防守技术的主动性以及团队协作能力。

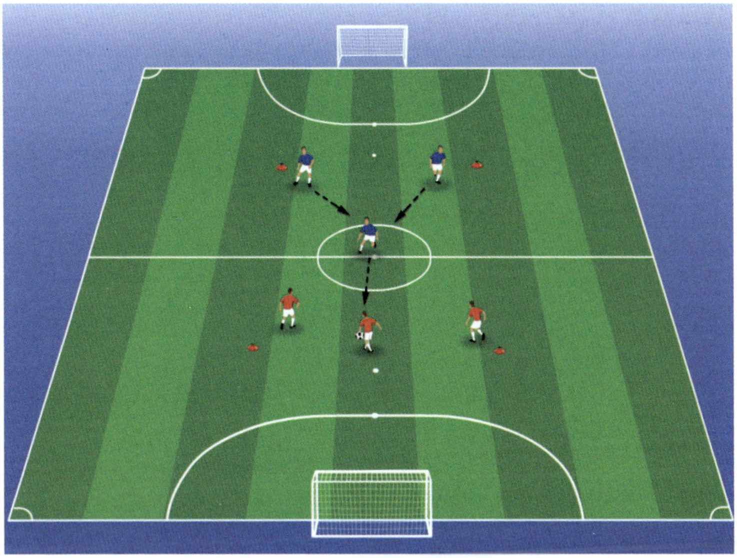

图　3-57

（1）组织方式

难　度	★★★
场　地	长20米，宽12米。
人　员	将学生按水平平均分为两队，一队红色，一队蓝色。
器　材	球若干，分队服若干，标志盘若干。
方　法	① 红队队员互相进行传球控球； ② 蓝队队员进行防守移动，在区域内形成3V3； ③ 其余队员在区域外等待轮换。

（2）得分

起始的技术练习不涉及得分，当队员成功完成防守行为时教练员给予鼓励。

（3）技术指导要点

① 离球最近的防守队员第一时间快速上前压迫；

② 临近球一侧的防守队员压迫，其他两名防守队员进行保护与平衡；

③ 防守队员分工明确，即确定谁盯人谁盯位置；

④ 当球在左侧发展时，右侧防守队员要向中路靠近，防止对方通过中路渗透；当球在右侧发展时，同理。

（4）教育指导要点

① 引导学生积极参与防守，多跑动；

② 鼓励队友之间在相互交流中建立默契与友谊；

③ 评选出具有不同优秀特质的队伍，并进行表彰（例如冠军球队、最佳团队协作奖等）；

④ 简单总结本节课所学的技术要点，并询问学生的接受程度和喜爱参与程度。

6. 3V3+4防守场景教学

教学目标：提高队员3V3的防守能力，包括压迫、保护和平衡的能力。

教育目标：提高学生运用防守技术的主动性以及团队协作能力。

图 3-58

（1）组织方式

难　度	★★★
场　地	长25米，宽20米。
人　员	将学生按水平平均分为两队，一队红色，一队蓝色。

器 材	分队服若干，球若干，五人制球门两个，小球门4个，标志盘若干。
方 法	① 红队队员互相进行传球并进攻蓝队的3个球门； ② 蓝队队员进行防守，断球后也可以进行反击，在区域内形成3V3； ③ 红队和蓝队各有两名队员在场地边线处作为接应人，接应人在线上接应且只能一脚触球。

（2）变化

场地大小进行调整。

（3）得分

射门得分。

（4）技术指导要点

① 场外接应队员根据场景沿着边线进行移动；

② 根据不同场区，合理进行压迫、平衡及保护；

③ 防守队员分工明确，即确定谁盯人谁盯位置；

④ 当球在左侧发展时，右侧防守队员要向中路靠近，防止对方通过中路渗透；当球在右侧发展时，同理。

（5）教育指导要点

① 鼓励队员积极拼抢，即使失败了也要积极投入下一次的防守中；

② 训练结束后感谢教师和行礼道别，培养学生感恩和懂礼貌的良好习惯；

③ 评选出具有不同优秀特质的队伍，并进行表彰（例如冠军球队、最佳团队协作奖等）；

④ 集体回收训练器材，培养队员之间团结协作的精神。

7. 4V3+1防守技能教学

教学目标：提高队员3V3的防守能力，包括压迫、保护和平衡的能力。

教育目标：提高学生运用防守技术的主动性以及团队协作能力。

图 3-59

（1）组织方式

难　度	★★★
场　地	长12米，宽12米。
人　员	将学生按水平平均分为两队，一队红色，一队蓝色。
器　材	球若干，分队服若干，标志盘若干。
方　法	① 红队4名队员互相进行传球（1名红队队员只能在边线上进行移动，不能进入区域内）； ② 蓝队3名队员进行防守，防守队员3人形成小组防守阵型； ③ 其余队员在场边等待轮换。

（2）变化

对场地大小进行调整；红队4名边线接应人只能两脚触球。

（3）得分

红队之间相互传球10次得分。

（4）技术指导要点

① 根据不同场区，合理进行压迫、平衡及保护；

② 场外接应队员沿着边线进行移动和接应；

③ 防守队员保持小组防守阵型，封堵传球路线的同时进行夹抢；

④ 防守队员之间相互呼应并保持阵型紧凑。

（5）教育指导要点

① 鼓励队员不惧挑战，在练习中培养队员的抗压能力；

② 对队员表现进行反馈，激发其参与训练的动机；

③ 教师引导学生总结交流本节课的体会和行为优秀及不足之处，给学生表达自我的机会；

④ 集体回收训练器材，培养队员之间团结协作的精神。

8. 3V3+4防守场景教学

教学目标：提高队员3V3的防守能力，包括压迫、保护和平衡的能力。

教育目标：提高学生运用防守技术的主动性以及团队协作能力。

图 3-60

(1) 组织方式

难　度	★★★
场　地	长30米，宽20米。
人　员	将学生按水平平均分为两队，一队红色，一队蓝色。
器　材	分队服若干，球若干，五人制球门两个，小球门4个。
方　法	① 红队3名队员互相进行传球（两名红队队员只能在底线上进行移动接应，不能进入区域内）； ② 蓝队3名队员进行防守（两名蓝队队员只能在底线上进行移动接应，不能进入区域内）； ③ 防守队员3人形成小组防守阵型。

(2) 变化

对场地大小进行调整；4名接应人只能一脚触球。

(3) 得分

射进球门得分。

(4) 技术指导要点

① 根据不同场区，合理进行压迫、平衡及保护；

② 场外接应队员根据不同场景选择合理的接应位置与时机；

③ 防守队员不但要对区域内进攻队员进行限制，也要兼顾场外的底线接应队员，切断区域内进攻队员与底线接应队员的传球路线；

④ 防守队员之间相互呼应并保持防守小组阵型的紧凑。

(5) 教育指导要点

① 鼓励队员勇敢进行防守，坚持不懈为获得球权而努力；

② 当队员在训练中失误时及时给予鼓励，激发其训练动机；

③ 给所有队员树立公平竞赛的意识，并尊重对手、教练、队友等；

④ 教师引导学生总结交流本节课的体会和行为优秀及不足之处，给学生表达自我的机会。

9. 3V3防守技术练习

教学目标：提高队员3V3的防守能力，包括压迫、保护和平衡的能力。

教育目标：提高学生运用防守技术的主动性以及团队协作能力。

图　3-61

（1）组织方式

难　度	★★★
场　地	长15米，宽15米。
人　员	将学生按水平平均分为两队，一队红色，一队蓝色。
器　材	球若干，标志盘若干，分队服若干。
方　法	① 红队3名队员用手进行传递球； ② 蓝队3名队员进行防守； ③ 根据教练/教师口令，一令一动防守队员3人形成小组防守阵型。

（2）变化

对场地大小进行调整；正常进行，并且由用手传递球改为用脚传递球。

（3）得分

将球放/踩在对方红色起始线上得分。

（4）技术指导要点

① 在一令一动中注意压迫、平衡及保护位置的选择；

② 在进攻队员交叉换位时，防守队员要注意盯人盯位的相互转换；

③ 观察球、对手、队友的位置，从而更好地对球发展方向进行预判；

④ 快速决策。

（5）教育指导要点

① 培养队员自我决策的能力，鼓励其在训练中勇敢地进行各种尝试；

② 树立团队第一的理念，与队友互相协作完成防守；

③ 给所有队员树立公平竞赛的意识，并尊重对手、教练、队友等；

④ 教师引导学生总结交流本节课的体会和行为优秀及不足之处，给学生表达自我的机会；

⑤ 集体回收训练器材，培养队员之间团结协作的精神。

九 整体技战术练习方法

1. 寻找空当

教学目标： 提高队员发现空当和接传球的能力。

教育目标： 提高学生观察能力、思维敏捷性和沟通交流能力。

（1）组织方式

难　度	★★★
场　地	每组场地大小为长25米，宽20米。
人　员	8人；四人一组，分两组。
器　材	球若干，标志盘若干。
方　法	① 用6个标志盘标记出接传球的区域，4名队员占据其中四个区域； ② 队员传球给处于另一区域内的队友后立即跑到其中一个无人区域。队员接球后在最短时间内将球传出并进行同样的练习。

（2）得分

3分钟内，两组队伍在不失误情况下，连续传球次数最多的队伍获胜。

图　3-62

（3）变化

① 限制触球次数；

② 在场地内放置其他颜色标志盘来制造情境干扰。

（4）技术指导要点

① 时刻保持观察（球、队友位置和空当）；

② 接球人和持球人的眼神交流和呼应；

③ 提前调整好接球的身体姿势，并一脚停球到合适的传球位置；

④ 跑动方向与步伐的合理运用（正面跑、倒退跑和侧向跑等）。

（5）教育指导要点

① 养成观察和思考的习惯，有利于提升信息分析和判断能力，从而提升决策速度；

② 思维的快速转换：告诉学生提前想好下一步的行动，并尽可能快地完成接传球和无球跑动以及两者的衔接；

③ 传球时要叫出队友的名字，接球人也要主动呼应接球，促进队员之间的交流；

④ 以团队连续传球次数的方式计分，强调个人的每一次成功对于团队的重要意

义，增强责任感和培养团队精神。

2. 手传球多门游戏

教学目标：提高队员位置感和利用场地空间的能力。

教育目标：提高学生观察能力、思维敏捷性和时空感知能力。

（1）组织方式

难 度	★★★
场 地	长25米，宽20米。
人 员	8人；4人控球，4人防守。
器 材	球、标志盘、标志服若干。
方 法	① 区域内设置6个小球门和1个中间区域，在区域内进行4V4的手传球游戏； ② 控球方尽可能多地传球并且尽可能多地传球穿过小球门或中间区域，防守方抢到球后与控球队员角色互换； ③ 持球队员每次持球不能超过5秒，持球跑动不能超过3步（或5步）； ④ 传球和抢断球都只能用手。

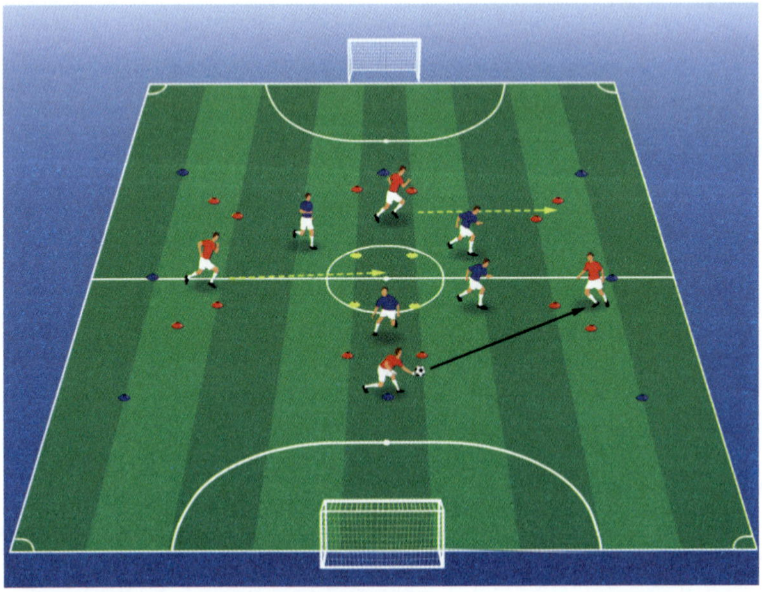

图 3-63

（2）得分

① 传地面球穿过小球门或中间区域得 1 分；

② 连续传球10次得1分。

（3）变化

① 调整小球门和中场区域的大小；

② 场地扩大后可以改为用脚进行练习。

（4）技术指导要点

① 使用假动作摆脱，积极跑动接应；

② 充分利用场地空间，注意接应角度和时机；

③ 观察并不断寻求穿过小球门或中场区域的传球机会。

（5）教育指导要点

① 提前观察，让学生思考哪个位置更容易接到球并且可以得分；

② 不扎堆，不要只顾盯着球，不盲目跟从，学会独立思考；

③ 时空感知：判断传接球的距离和时机，太远了传不到，太近了容易被抢断和包围；

④ 队友之间时刻保持呼应，并且要随机应变，鼓励学生耐心寻找得分机会。

3. 双区域传抢

教学目标：提高队员传接球和团队控球的能力。

教育目标：提高学生团队协作能力和决策能力。

（1）组织方式

难　度	★★★
场　地	长20米，宽10米。
人　员	12人；六人一组，分两组。
器　材	球、标志盘、标志服若干。

方法	① 分两组，每组4名控球队员和2名防守队员进行传抢练习； ② 每组分成两个小区域，一个小区域有3名控球队员和2名防守队员，另一名控球队员在另一小个区域等待接应； ③ 控球方在一个小区域传球达5次后传至另一个小区域的接应队员即可得分，同时其中两名控球队员和防守队员进入另一小区域继续进行传抢； ④ 若防守队员抢断球则重新开始，规定时间后更换防守队员。

图 3-64

（2）得分

① 从一侧小区域传至另一小区域得1分；

② 防守队员抢断球得1分。

（3）变化

① 限制传高空球；

② 根据实际情况调整场地大小和控球队员的触、传球次数。

（4）技术指导要点

① 接球前观察队友、对手以及球的位置；

② 积极跑动接应（有远有近），在两名防守队员之间寻找接应角度；

③ 时刻保持呼应，把握从两名防守队员之间传球的时机；

④ 传球时加入假动作，尽量隐藏传球意图（传球隐蔽性）。

（5）教育指导要点

① 思维转换和决策要快，提前观察，接球前想好下一步的行动；

② 不管是控球队员还是防守队员都要相互呼应，提高团队协作的能力；

③ 发挥创造力和随机应变能力，运用假动作或随时改变传球路线。

4. 保持球权并向前推进

教学目标：提高队员控球以及快速向前传球的能力。

教育目标：提高学生团队协作和决策能力以及培养积极的态度。

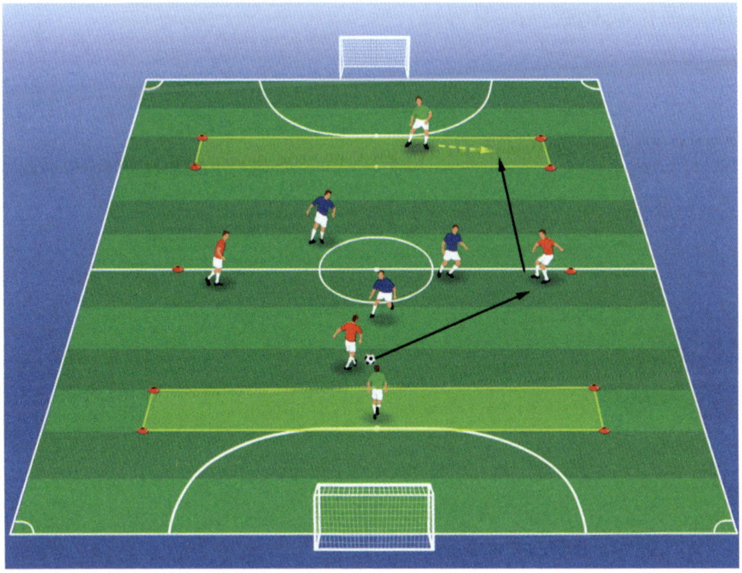

图　3-65

（1）组织方式

难　度	★★★★
场　地	长30米，宽20米。
人　员	8人；三人一组，分两组，两名自由人。
器　材	球、标志盘、标志服若干。

方 法	① 在场地的两个顶端各划分出一个长4米与场地同宽的区域，只有自由人能进入该区域； ② 在场地中间进行3V3的控球比赛，控球方尽可能快地传球给自由人并再次接自由人的回传球； ③ 防守队员抢断球后与控球队员角色互换。

（2）得分

接一端自由人的回传球后，在不丢失控球权的情况下传球给另一端自由人得1分。

（3）变化

① 限制自由人触球次数；

② 控球队员传递10脚球后得1分。

（4）技术指导要点

① 观察队友、对手以及球的位置；

② 积极跑动接应（有远有近），在两名或多名防守队员之间寻找接应角度；

③ 时刻保持呼应，把握从两名或多名防守队员之间传球的时机；

④ 无法向前时保持控球权，传球时加入假动作，尽量隐藏传球意图（传球隐蔽性）。

（5）教育指导要点

① 养成观察和思考的习惯，有利于提升信息分析和判断能力，从而提升决策速度；

② 积极跑动接应和全力防守，培养积极的态度和敬业精神；

③ 不管是控球队员还是防守队员都要相互呼应，提高团队协作的能力；

④ 发挥创造力和随机应变能力，运用假动作或随时改变传球路线。

5. 利用支点射门

教学目标：提高利用回传球射门的能力。

教育目标：提高学生协作、预判的能力。

（1）组织方式

难 度	★★★★
场 地	长25米，宽20米。
人 员	10人；2人进攻，2人防守，4名自由人，2名守门员。
器 材	球、标志盘、标志服若干球门两个。
方 法	① 在区域中进行2V2+4名自由人的对抗，双方都有守门员，每个球门两侧都有1名自由人； ② 所有恢复比赛的球由守门员发出，球队除了只通过中间的队员射门得分外，还可以利用自由人的回传球射门完成得分； ③ 自由人限制两次触球。

图 3-66

（2）得分

只通过中间的队员进球得1分，通过自由人回传球一脚（不停球）进球得2分。

（3）变化

① 守门员可以参与进攻以创造以多打少；

② 自由人限制1次触球。

（4）技术指导要点

① 尽可能快地向前传球，传给自由人的球尽量传地面球，传球后进攻队员要快速跟上；

② 灵活轮转跑动创造空间和射门机会，多使用假动作摆脱和接应；

③ 自由人不停地横向移动接球；

④ 尤其由守转攻时要快，防守也要积极回防。

（5）教育指导要点

① 时刻保持呼应和交流，2V2（或1V2）并不是最好的方式，尽可能利用自由人，提高团队协作能力；

② 进攻队员传球给自由人后要快速跟上，这需要灵活的跑位和预判能力；

③ 自由人虽然没有直接参与对抗，但仍需注意力高度集中，无时无刻都在调整接应位置；

④ 攻守转换时，首先需要思维的快速转换和顽强拼搏的作风。

6. 高位压迫防守

教学目标：练习压迫防守，提高队员利用改变身体姿势来阻止球通过中场区域的能力。

教育目标：提高学生身体和时空感知、团结协作和沟通交流的能力。

（1）组织方式

难　度	★★★★
场　地	长40米，宽25米。
人　员	11人；4人进攻，4人防守，1名自由人，2名守门员。
器　材	球、标志盘、标志服若干，球门两个。

方 法	① 每组4名队员加1名守门员进行攻防练习，自由人位于场地中间的10米×5米区域内； ② 防守方采用1-1-1-2阵型，进攻方采用1-2-2阵型。每支队伍安排两名队员在对方半场，另外两名则在本方半场，所有人都不能进入另一半场； ③ 守门员发球开始，进攻方尝试传球给中间区域内的自由人，自由人接球后，就可以传球给另一半场的进攻队员并最终完成射门； ④ 前场的两名防守队员必须阻止球传至中间区域，若防守队员抢断球可进攻射门。

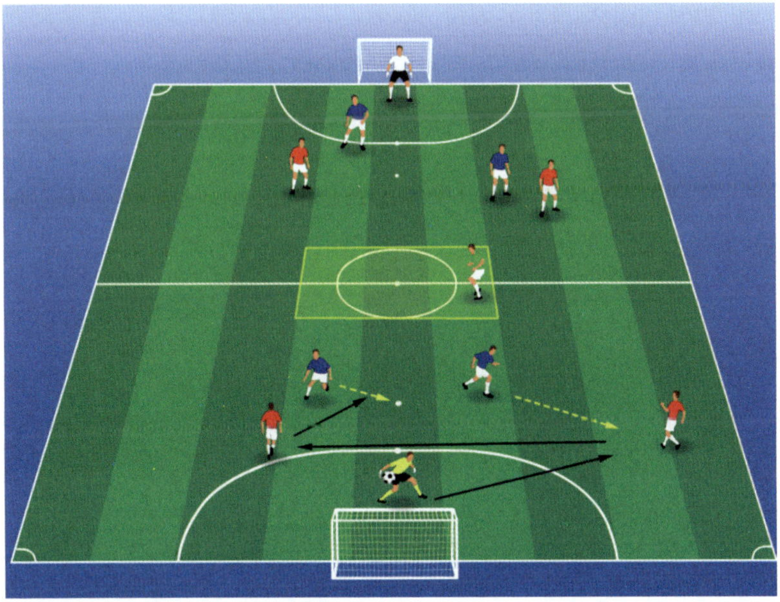

图 3-67

（2）得分

射门进球得1分。

（3）变化

① 自由人在接到球后，防守队员立即对其进行压迫；

② 一名进攻队员传球给自由人后参与进攻，形成3V2的人数优势。

（4）技术指导要点

① 防守队员前脚掌着地，重心下降，压迫时侧身站位并具有侵略性（进入一臂距离）；

② 第一防守人在逼抢时保持正确身体姿势并保护中间区域；

③ 第二防守人保护第一防守人，在压迫效果不理想的情况下要保护中间区域；

④ 注意压迫的时机和距离，以免被进攻队员突破。

（5）教育指导要点

① 通过讲解以及让学生感知身体姿势和时空的改变所带来的不同变化；

② 时刻保持呼应，协同配合，增强团结协作能力；

③ 使用简短有效的语言或非语言（眼神、肢体动作等）交流，学会高效沟通；

④ 队友之间相互呼应，协同配合，增强团结协作能力。

7. 人盯人防守

教学目标： 了解人盯人防守的概念，提高队员压迫和抢球以及整体防守的能力。

教育目标： 提高学生责任感，吃苦耐劳的作风以及沟通交流的能力。

图 3-68

（1）组织方式

难　度	★★★★★
场　地	长25米，宽20米。
人　员	8人；4人进攻，4人防守。
器　材	球、标志盘、标志桶、标志服若干。
方　法	① 半场区域内4名防守队员分别对应4名控球队员进行人盯人防守，且只能对自己所对应的进攻队员实施防守； ② 控球队员在区域内保持控球，防守队员抢断球后与控球队员角色互换。

（2）得分

传球达到10次得1分。

（3）变化

① 在双方底线用标志桶各设置两个小球门，将球停在小球门上得分；

② 调整传球得分的次数。

（4）技术指导要点

① 防守队员要紧盯自己的对手；

② 防守队员侧向站位，且具有侵略性（进入一臂距离）；

③ 根据实际情况来选择紧盯对手还是保护队友，以防止对方向前推进；

④ 注意步伐的使用，盯防对手时运用后撤跑、侧身跑等，做到人球兼顾。

⑤ 队友之间及时沟通和交流。

（5）教育指导要点

① 时刻盯防自己的对手，体现责任感，因为对手可能在全场跑动；

② 即使很累也不要跟丢自己的对手，养成吃苦耐劳的良好作风；

③ 合理地进行身体对抗，提升规则意识和强健的体魄；

④ 使用简短有效的语言或非语言（眼神、肢体动作等）交流，学会高效沟通；

⑤ 队友之间相互呼应，协同配合，增强团结协作能力。

8. 菱形区域防守

教学目标：了解菱形区域防守的站位，提高队员整体防守的能力。

教育目标：提高学生责任感，增强团结协作和沟通交流的能力。

图 3-69

(1)组织方式

难　度	★★★★
场　地	长25米，宽20米。
人　员	9人；5人进攻，4人防守。
器　材	球、标志盘、标志服若干。
方　法	① 4名防守队员面对5名进攻队员进行菱形区域防守并尝试赢回球权； ② 进攻队员的传球在两名防守队员之间穿过或横穿防守队员就能得分； ③ 为了不让进攻队员得分，4名防守队员必须以紧密的菱形站位进行防守； ④ 防守队员抢断球后归还给进攻队员重新开始。

(2)得分

进攻队员传球穿过两名或以上防守队员之间得1分，防守队员抢回球权得1分。

(3)变化

在场地中间设置一个20米×15米的四边形防守区域，防守队员不能离开此区域。

(4)技术指导要点

① 观察队友、对手和球的位置，根据球的位置来保持菱形站位；

② 菱形顶端的队员是第一防守人，要第一时间对持球人进行压迫或驱赶；

③ 第一防守人身后两边的队员进行封堵，防止对手传球穿过菱形区域，当球在本侧边路区域时要进行压迫，另一侧边锋要收缩阵型并作平衡作用；

④ 最后一名队员对队友进行保护，防止对方传渗透球，同时与队友进行呼应。

（5）教育指导要点

① 不断根据球和对手的位置来调整站位和与队友之间的距离，提高观察和时空感知能力；

② 每个位置的队员都要清楚自己的职责并认真负责地执行，体现敬业和责任感；

③ 使用简短有效的语言或非语言（眼神、肢体动作等）交流，学会高效沟通；

④ 队友之间相互呼应，协同配合，增强团结协作能力。

9. 分区域多球门比赛

教学目标： 提高队员掌控比赛节奏和利用场地空间的能力。

教育目标： 提高学生思维转换和时空感知的能力。

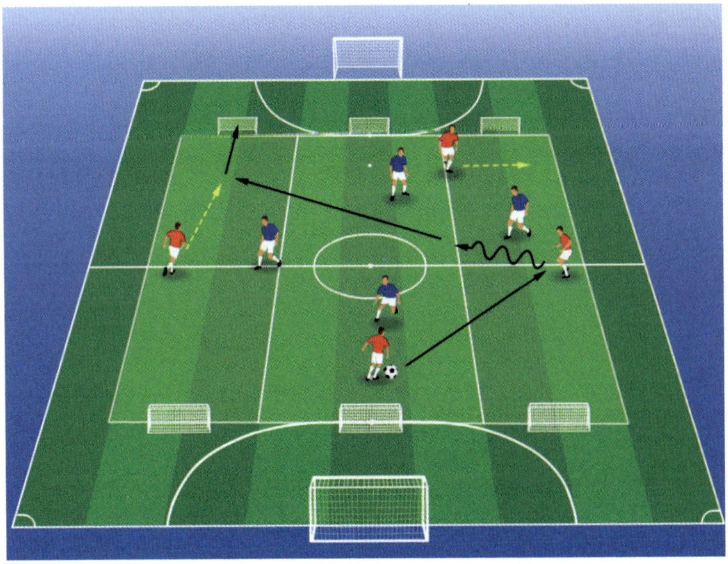

图 3-70

（1）组织方式

难　度	★★★★
场　地	长30米，宽20米。
人　员	8人；4人进攻，4人防守。
器　材	球、标志盘、标志服、移动小球门若干。
方　法	① 在区域内的两端线上分别设置3个小球门，分成两队，每队防守或进攻3个小球门； ② 整个区域被划分成6个小区域，每个小区域只允许同时最多两名进攻队员进入，一旦有多于两人以上的进攻队员进入且超过2秒则交换球权。

（2）得分

① 打进对方任一小球门得1分；

② 连续传球10次得1分。

（3）变化

① 限制防守方进入小区域的人数；

② 进球时所有进攻队员必须进入对手的半场区域。

（4）技术指导要点

① 告诉队员没有越位，尽可能靠前地接应，哪怕是在对方身后；

② 充分利用场地空间，注意接应位置（在两名防守队员身后的中间、在两条防线之间）、角度和时机；

③ 在一侧进攻很艰难时，尽快转移到另一侧，无法快速获得射门机会时，控制球权。

（5）教育指导要点

① 不扎堆，不要只顾盯着球，不盲目跟从，学会独立思考；

② 思维转换要快，在一侧进攻很艰难时，立即转换进攻路线和方式，攻守转换要快；

③ 时空感知：判断接球的距离，太远了队友传不到，太近了容易被抢断和包围；

④ 队友之间时刻保持呼应，并且要随机应变，鼓励学生耐心寻找得分机会。

10. 以少打多

教学目标： 提高队员把握机会和抗压的能力。

教育目标： 培养学生克服困难、顽强拼搏的精神。

（1）组织方式

难　度	★★★★★
场　地	长40米，宽25米。
人　员	11人；4V5+2名守门员。
器　材	球、标志盘、标志服若干，球门两个。
方　法	4名队员加1名守门员为一队，5名队员加1名守门员为另一队，两队在区域内进行比赛。按照正常比赛规则进行。

图　3-71

（2）变化

① 设置人数少的一方落后1分的劣势；

② 设置人数少的一方领先1分的优势。

（3）技术指导要点

① 领先时顶住压力，谨慎防守；

② 落后时耐心等待，把握进攻机会；

③ 战术思想一致，行动统一，特别是在人数少且落后的情况下需要全员参与防守。

（4）教育指导要点

① 不气馁，努力克服人数少或比分落后的情况；

② 比赛没结束，不轻易放弃，发挥出顽强拼搏的精神；

③ 队长或队员之间相互鼓舞，振奋士气；

④ 队友之间时刻保持呼应，鼓励学生耐心寻找得分机会。

第四章

体能练习方法

一 速度练习方法

1. 反应速度训练

教学目标： 提高队员反应速度。

教育目标： 提高学生的自信心、责任感和团队荣誉感。

图 4-1

（1）组织方式

难　度	★
场　地	长15米，宽5米。
人　员	将学生分为两队，一队红色，一队蓝色。
器　材	球两个，标志盘8个，标志桶两个，标志服若干。

方　法	① 标志盘围成的区域中间放置1个标志桶和1个球，两队各一名队员对向站立做准备姿势，听教练口令“球”或“桶”快速反应拿取对应的目标物，并快速转身跑过标志盘摆成的小门，没拿到球或桶的队员快速向前追赶； ② 每组重复4～8次，进行2～4组。

（2）得分

拿到目标物的队员不能被追赶的队员碰到，在被抓到之前跑过小门获胜，跑过小门之前被碰到则追赶的队员获胜。

（3）技术指导要点

① 准备姿势时脚下不应站立不动，应做碎步或颠步；

② 保持全神贯注，判断方向并快速移动；

③ 低重心准备时应屈髋屈膝，不应弯腰。

（4）教育指导要点

① 自信心：听到信号时要果断坚定，相信自己；

② 团队精神：以团队的方式积分，批评不利于团队的消极行为，鼓励队员为了团队的胜利而不是自己的胜利而努力；

③ 责任感：强调个人的每一次成功对于团队的重要意义，鼓励其勇于承担责任；

④ 不允许取笑对手或队友，应互相鼓励；

⑤ 尊重规则，追赶的队员应注意动作尺度；

⑥ 保持良好的训练动机。

2. 变向速度训练-1

教学目标：提高队员变向速度。

教育目标：提高学生的自信心、耐心、责任感和团队荣誉感。

（1）组织方式

难　度	★★
场　地	长15米，宽10米。
人　员	将学生分为两队，一队红色，一队蓝色。

器 材	标志盘若干，标志服若干。
方 法	标志盘摆成两个直径5米的“八”字形圆圈，两队各出一人在圆圈外围进行追赶游戏。

图 4-2

（2）得分

追方触碰到逃方则追方胜，逃方40秒内没被抓到则逃方胜。每组重复3～6次，进行2～4组。

（3）技术指导要点

① 跑动中时刻观察对手；

② 降低重心变向；

③ 低重心姿势应是屈髋屈膝，而不是弯腰。

（4）教育指导要点

① 自信心：果断坚定，相信自己能够摆脱追赶，勇于挑战，敢于拼搏；

② 团队精神：以团队的方式积分，批评不利于团队的消极行为，鼓励队员为了团队的胜利而不是自己的胜利而努力；

③ 责任感：强调个人的每一次成功对于团队的重要意义，鼓励其勇于承担

责任；

④ 杜绝挑衅对手的行为；

⑤ 培养应变能力；

⑥ 保持良好的训练动机。

3. 变向速度训练-2

教学目标： 提高队员变向速度。

教育目标： 提高学生的自信心、责任感和团队荣誉感。

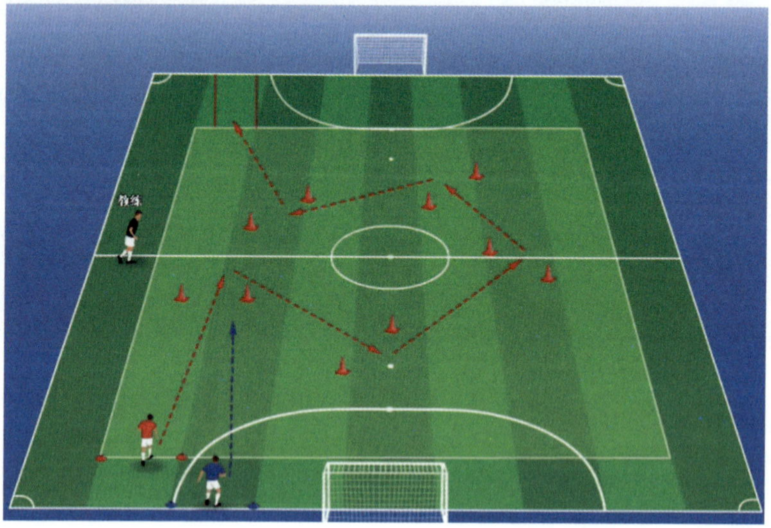

图 4-3

（1）组织方式

难　度	★★★
场　地	长30米，宽15米。
人　员	将学生分为两队，一队红色，一队蓝色。
器　材	标志盘4个，标志服若干，标志桶若干，标志杆两个。

方 法	分成红蓝两队，蓝色队员先出发，以最快速度通过标志桶摆成的若干小门，最终穿过标志杆之间的终点；红色队员在其后1～2米进行追赶，并试图触碰蓝色队员。一队全部完成练习后，两队互换角色。每组重复3～6次，进行2～4组。

（2）得分

追方触碰到逃方则获胜，反之逃方在被触碰之前成功通过终点则获胜。

（3）技术指导要点

① 最快速度；

② 变向时降低重心；

③ 低重心姿势应是屈髋屈膝，而不是弯腰。

（4）教育指导要点

① 自信心：果断坚定，相信自己能够摆脱，勇于挑战，敢于拼搏；

② 团队精神：以团队的方式积分，批评不利于团队的消极行为，鼓励队员为了团队的胜利而不是自己的胜利而努力；

③ 责任感：强调个人的每一次成功对于团队的重要意义，鼓励其勇于承担责任；

④ 杜绝挑衅对手的行为，团结队友，不抱怨不辱骂；

⑤ 保持良好的训练动机；

⑥ 认真竞赛，尊重对手。

4. 最大速度训练-1

教学目标：提高队员最大速度。

教育目标：提高学生的自信心、责任感和团队荣誉感。

图 4-4

（1）组织方式

难 度	★★★
场 地	半场。
人 员	将学生分为红、蓝两队，设置1名守门员。
器 材	球若干，标志桶6个，标志服若干，球门1个。
方 法	① 蓝色队员从一侧标志桶开始，最快速度跑到第二个标志桶，接队友传球后快速带球至罚球区，然后尝试自己射门或传给另一侧的队友，两侧同时出发； ② 红色队员与蓝色队员同时启动，争取断球并阻止对方射门得分； ③ 全部完成练习后，攻守交换。跑动距离20～30米，每组重复6～8次，进行2～3组。

（2）得分

进一球得1分，每人做完一轮后计算团队得分，得分多的队伍获胜。

（3）技术指导要点

① 最快速度跑动与带球；

② 保持全神贯注；

③ 做完练习后队员慢跑回队尾，积极恢复。

（4）教育指导要点

① 自信心：果断坚定，相信自己能够摆脱，勇于挑战，敢于拼搏；

② 团队精神：以团队的方式积分，批评不利于团队的消极行为，鼓励队员为了团队的成功而非为了个人的成功而拼搏；

③ 责任感：强调个人的每一次成功对于团队的重要意义，鼓励其勇于承担责任，不轻易气馁；

④ 团结队友，不抱怨不辱骂；

⑤ 保持良好的训练动机；

⑥ 认真竞赛，尊重对手。

5. 最大速度训练-2

教学目标：提高队员最大速度。

教育目标：提高学生的自信心、责任感和团队荣誉感。

图 4-5

（1）组织方式

难 度	★★★
场 地	半场。

人　员	将学生分为红、蓝两队，设置1名守门员。
器　材	球若干，标志盘两个，标志桶4个，标志服若干，球门1个。
方　法	① 蓝色队员A传球给罚球区前的队友B后最快速度前插，B将球传回给前插的A，A得球后送出传中，罚球区另一侧的C进入罚球区接球射门； ② 红色队员在B传球后马上启动，阻止A起脚传中； ③ 全部完成练习后，攻守交换； ④ 起始位置距离球门30～40米，重复4～6次，进行2～3组。

（2）得分

射门进球得1分，完成传中得1分。

（3）技术指导要点

① 最快速度；

② 保持全神贯注；

③ 做完练习后队员慢跑回队尾，积极恢复。

（4）教育指导要点

① 自信心：果断坚定，相信自己能够摆脱，勇于挑战，敢于拼搏；

② 团队精神：以团队的方式积分，批评不利于团队的消极行为，鼓励队员为了团队的成功而非为了个人的成功而拼搏；

③ 责任感：强调个人的每一次成功对于团队的重要意义，鼓励其勇于承担责任，不轻易气馁；

④ 团结队友，不抱怨、不辱骂；

⑤ 保持良好的训练动机；

⑥ 认真竞赛，尊重对手。

二 协调练习方法

1. 节奏协调练习

教学目标：提高协调性，强化节奏感。

教育目标：感受运动乐趣，激发运动动机。

（1）组织方式

难 度	★
场 地	长10米，宽10米。
人 员	若干。
方 法	① 队员围成一圈，面向教练，按教练击掌速度做原地高抬腿； ② 当教练举起左手时，队员左脚离地，右腿单腿支撑； ③ 当教练举起右手时，队员右脚离地，左腿单腿支撑。

图 4-6

（2）技术指导要点

① 高抬腿动作准确、有力；

② 随教练节奏的变化而变化；

③ 单腿支撑时控制重心。

（3）教育指导要点

① 鼓励队员坚持；

② 随机应变能力；

③ 通过成功体验建立学生的自信心。

2. 空间配合练习

教学目标：结合通过运动中传接球练习，提高协调性。

教育目标：感受运动乐趣，激发运动动机，加强沟通能力。

（1）组织方式

难　度	★★
场　地	长20米，宽20米。
人　员	若干。
器　材	球若干。
方　法	① 二人一组，面对面进行抛球、脚内侧传球练习； ② 在传球的同时，蓝色队员向后退，红色队员向前进，两人整体移动； ③ 到达终点后蓝色队员前进，红色队员后退。

图　4-7

（2）技术指导要点

① 脚下小碎步动起来，时刻准备传接球；

② 观察两人间的距离。

（3）教育指导要点

① 培养队员坚持不懈的精神；

② 加强与队友间的呼应与交流；

③ 通过成功体验建立学生的自信心。

3. 绳梯练习-1

教学目标： 提高协调性。

教育目标： 感受运动乐趣，激发运动动机。

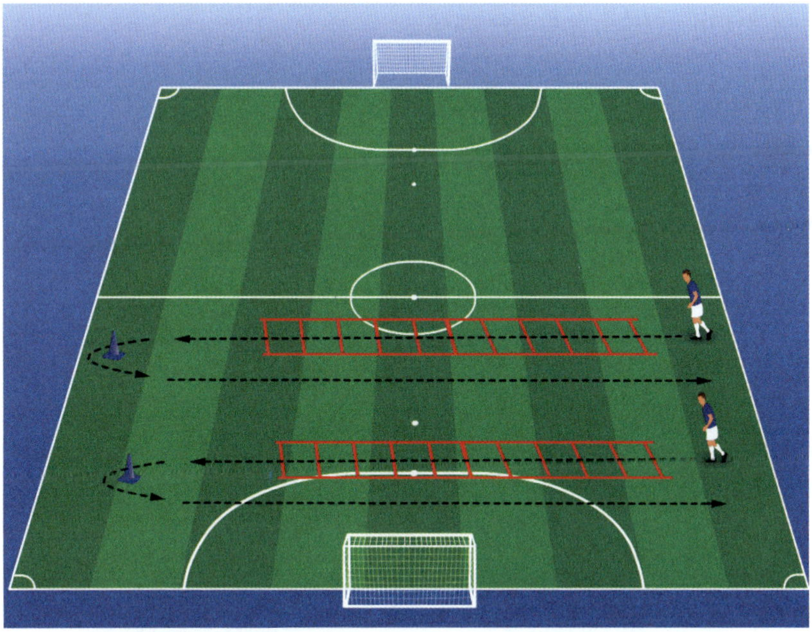

图 4-8

（1）组织方式

难 度	★★
场 地	长10米，宽10米。
人 员	若干。
器 材	绳梯、标志桶。

方 法	① 队员依次从起点出发，分别进行一步一格、两步一格、隔一格踩一步练习； ② 完成绳梯后冲刺到前方标志桶，再慢跑回到队尾。

（2）技术指导要点

① 开始时可以慢一些，但一定要保证步点的准确性；

② 膝盖稍屈，重心降低，注意摆臂。

（3）教育指导要点

① 培养队员坚持不懈的精神；

② 通过成功体验建立学生的自信心。

4. 绳梯练习-2

教学目标：提高协调性。

教育目标：感受运动乐趣，激发运动动机。

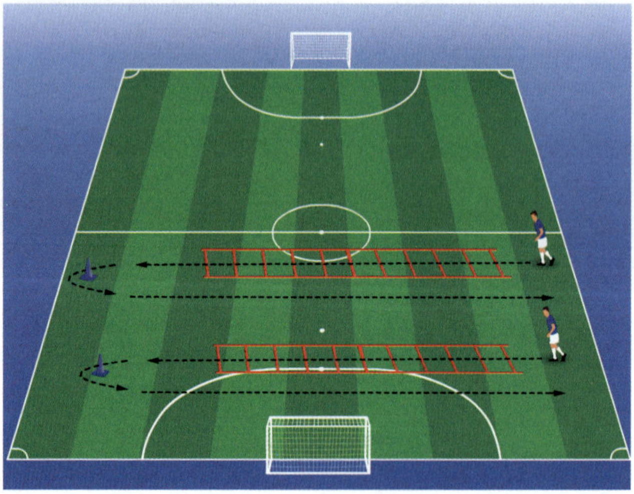

图 4-9

（1）组织方式

难 度	★★
场 地	长10米，宽10米。

人 员	若干。
器 材	绳梯、标志桶。
方 法	① 队员依次从起点出发，分别进行正向侧滑步、反向侧滑步； ② 完成绳梯后冲刺到前方标志桶，再回到队尾。

（2）技术指导要点

① 开始时可以慢一些，但一定要保证步点的准确性；

② 膝盖稍屈，重心降低，移动时注意控制身体重心。

（3）教育指导要点

① 培养队员坚持不懈的精神；

② 通过成功体验建立学生的自信心。

5. 绳梯练习-3

教学目标：掌握交叉步技术，提高协调性。

教育目标：感受运动乐趣，激发运动动机。

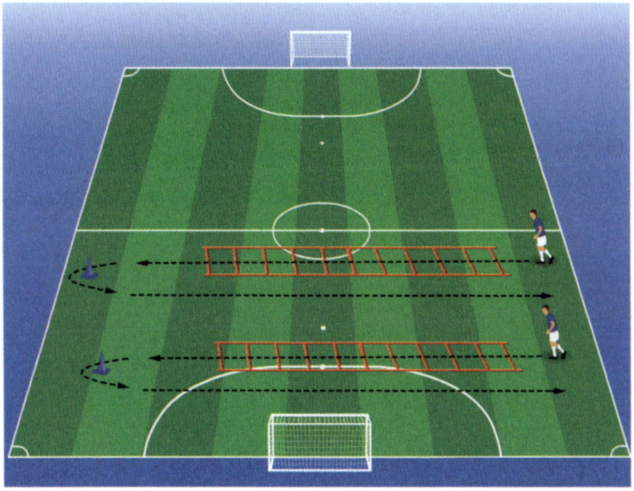

图 4-10

（1）组织方式

难 度	★★
场 地	长10米，宽10米。

人员	若干。
器材	绳梯、标志桶。
方法	① 队员依次从起点出发，分别进行体前交叉步前进、后侧交叉步前进； ② 完成绳梯后冲刺到前方标志桶，再回到队尾。

（2）技术指导要点

① 开始时可以慢一些，但一定要保证步点的准确性；

② 膝盖稍屈，重心降低，注意摆臂。

（3）教育指导要点

① 培养队员坚持不懈的精神；

② 通过成功体验建立学生的自信心。

6. 绳梯练习-4

教学目标：掌握侧向绳梯步法，提高协调性。

教育目标：感受运动乐趣，激发运动动机。

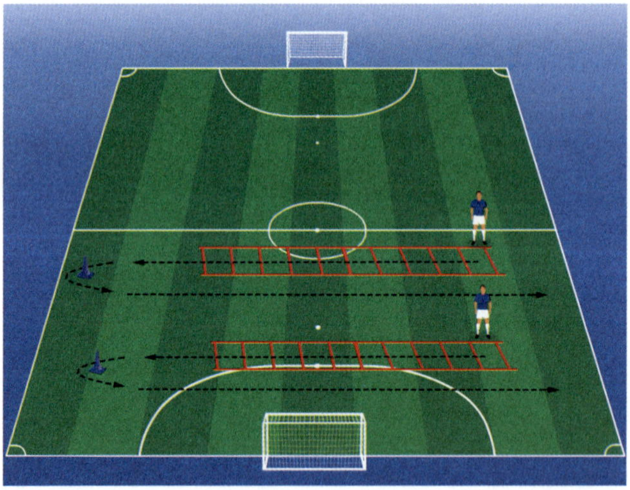

图 4-11

（1）组织方式

难度	★★
场地	长10米，宽10米。

人 员	若干。
器 材	绳梯、标志桶。
方 法	① 队员面向绳梯，依次从绳梯一侧起点出发，分别进行侧向高抬腿前进、侧向交叉步前进，一步一格； ② 完成绳梯后冲刺到前方标志桶，再回到队尾，下一次从绳梯另一侧开始。

（2）技术指导要点

① 开始时可以慢一些，但一定要保证步点的准确性；

② 膝盖稍屈，重心降低，注意摆臂，控制节奏。

（3）教育指导要点

① 培养队员坚持不懈的精神；

② 通过成功体验建立学生的自信心。

7. 绳梯练习-5

教学目标：掌握侧向绳梯步法，提高协调性。

教育目标：感受运动乐趣，激发运动动机。

（1）组织方式

难 度	★★
场 地	长10米，宽10米。
人 员	若干。
器 材	绳梯、标志桶。
方 法	① 队员面向绳梯，依次从绳梯一侧起点出发，进行前进、侧滑、后退等多种步法练习； ② 完成绳梯后冲刺到前方标志桶，再慢跑回到队尾，下一次从绳梯另一侧开始。

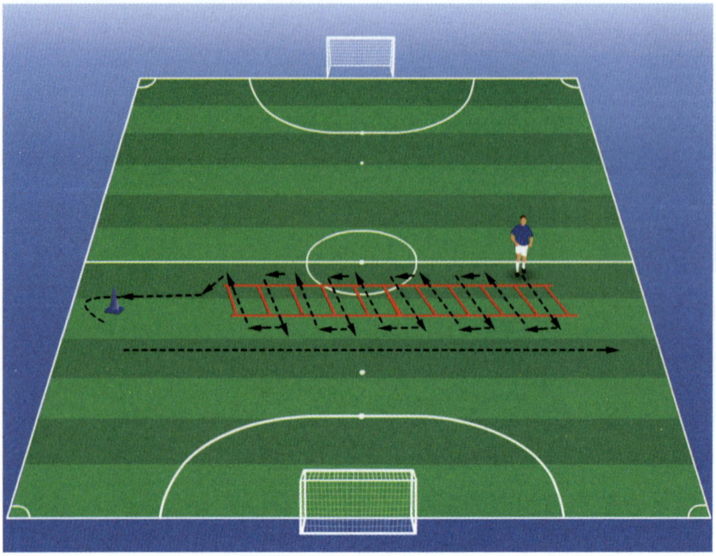

图 4-12

（2）技术指导要点

① 开始时可以慢一些，但一定要保证步点的准确性；

② 膝盖稍屈，重心降低，注意摆臂，控制节奏；

③ 后退时注意观察绳梯位置。

（3）教育指导要点

① 培养队员坚持不懈的精神；

② 通过成功体验建立学生的自信心。

8. 绳梯练习-6

教学目标：提高协调性、判断能力、反应能力。

教育目标：感受运动乐趣，激发运动动机。

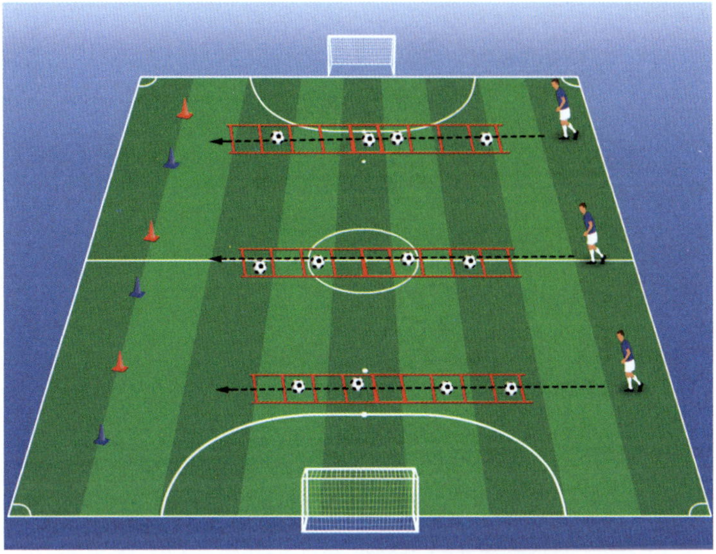

图 4-13

（1）组织方式

难 度	★★★
场 地	长15米，宽10米。
人 员	若干。
器 材	绳梯、标志桶。
方 法	① 队员面向绳梯，依次从起点出发。遇到有球的格子时，两腿分开，踩在绳梯两侧；无球的格子单脚站立。不可连续用同一只脚单脚站立。 ② 完成绳梯后，根据教练指令，冲刺到前方相应颜色标志桶，再回到队尾。球的摆放位置随机。

（2）技术指导要点

① 开始时可以慢一些，但一定要保证步点的准确性；

② 注意落地时的缓冲，控制节奏；

③ 快速响应教练的指令，做出决策。

（3）教育指导要点

① 培养队员坚持不懈的精神；

② 通过成功体验建立学生的自信心。

9. 协调反应练习

教学目标：提高协调性，强化节奏感。

教育目标：感受运动乐趣，激发运动动机。

图 4-14

（1）组织方式

难　度	★★★
场　地	长10米，宽10米。
人　员	若干。

方　法	队员围成一圈，面向教练，做原地小碎步，教练随机给出如下指令： ① 上：原地纵跳1次； ② 下：下蹲摸地1次； ③ 左：所有人向自己左侧侧滑5步； ④ 右：所有人向自己右侧侧滑5步； ⑤ 前：前滚翻1次再回到原位； ⑥ 后：原地迅速向后转180度再复原。

（2）技术指导要点

① 小碎步准备，反应迅速；

② 随教练节奏的变化而变化；

③ 减少多余动作。

（3）教育指导要点

① 鼓励队员坚持；

② 随机应变能力；

③ 通过成功体验建立学生的自信心，激发运动动机。

10. 综合练习

教学目标：结合足球与多种脚步练习，提高协调性。

教育目标：感受运动乐趣，激发运动动机。

（1）组织方式

难　度	★★★
场　地	长20米，宽20米。
人　员	若干。
器　材	绳梯、标志桶、标志盘，球若干。
方　法	① 队员面向绳梯，依次从起点出发，一步一格； ② 完成绳梯后，快速绕过标志桶，运球绕过前方标志盘，再将球运回原点后返回。

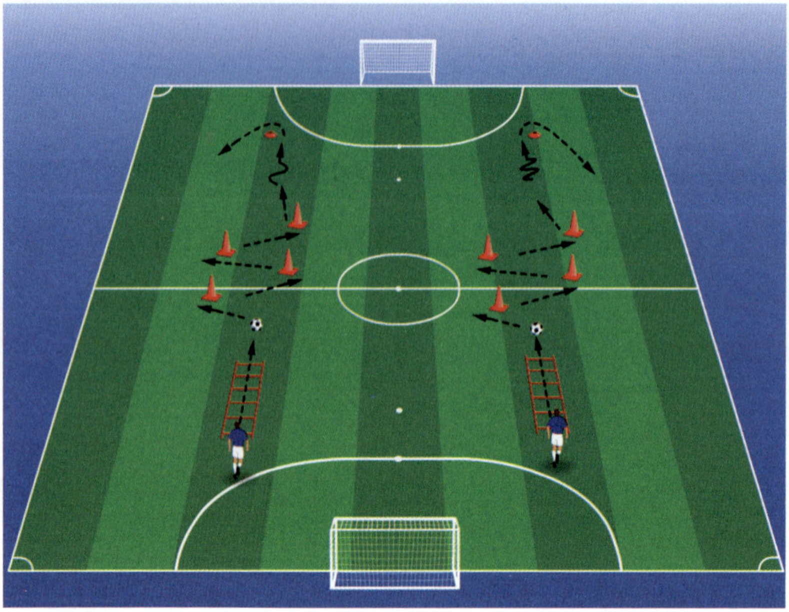

图 4-15

（2）技术指导要点

① 各环节之间衔接自然，协调；

② 注意重心的控制；

③ 运球时身体姿态的控制。

（3）教育指导要点

① 培养队员坚持不懈的精神；

② 通过成功体验建立学生的自信心。

三 结合球的速度练习方法

1. 察言观色

教学目标：提高队员反应速度和运球加速的能力。

教育目标：提高学生的思维敏捷性和激发锻炼的动机。

（1）组织方式

场　地	长35米，宽25米。
人　员	10人，5人一组，分两组。
器　材	球、标志盘若干。
方　法	① 在区域两侧用不同颜色的标志盘摆成终点线； ② 所有队员在中间25米×8米的区域内运球，听到（或看到）与终点线颜色相应的指令后，立即快速带球至该颜色的终点线； ③ 队员需要观察两侧的教练，两名教练可以单独或者同时举起标志盘，若两人同时举起的标志盘颜色不一致，则以主教练的为准。

图　4-16

（2）得分

率先运球冲过终点线的队伍获胜。

（3）变化

① 增加干扰颜色标志盘；

② 调整场地大小后，在4条边线上都设置终点线。

（4）技术指导要点

① 不要一直低头运球，时刻保持观察；

② 冲刺前保持运动状态；

③ 根据身前的空间选择快频率地运球还是带球跑。

（5）教育指导要点

① 除了要对球的控制，还要通过观察或听到相应指令快速做出决策；

② 为了团队的胜利而全力以赴，培养团队竞争意识；

③ 教练不断提醒和鼓励，激发学生锻炼动机。

2. 你跑我追

教学目标： 提高队员反应速度、起动速度和运球加速的能力。

教育目标： 提高学生的思维敏捷性和激发锻炼的动机。

图 4-17

（1）组织方式

场　地	长30米，宽25米。
人　员	10人，2人一组，分五组。
器　材	球、标志盘若干。

方 法	① 场地两端用不同颜色的标志盘摆成终点线，两名队员面对面站在中间且相隔4米； ② 当听到（或看到）与队员所在区域对应的颜色时，该颜色区域的队员迅速转身带球，另一名队员则立即向前追赶（不带球），直到带球队员通过终点线。

（2）得分

带球队员通过终点线得1分，追赶队员在终点线前触碰到带球队员得1分。

（3）变化

给予相反的指令。

（4）技术指导要点

① 身体重心降低，时刻做好快速启动的准备；

② 反应与启动迅速，以防被对方捉到；

③ 尽量缩短转身与触球之间的时间间隔，第一脚触球的距离稍大。

（5）教育指导要点

① 保持专注，通过观察或听到相应指令快速做出决策；

② 教练不断提醒和鼓励，激发学生锻炼动机。

3. 你明我暗

教学目标： 提高队员反应速度，运球变向和变速的能力。

教育目标： 激发学生锻炼动机和培养学生勇于突破的精神。

（1）组织方式

场 地	长25米，宽20米。
人 员	10人；5人进攻，5人防守。
器 材	球、标志盘、标志桶、标志服若干。
方 法	① 在区域的端线上设置两条终点线，在区域中间设置一个防守起始点； ② 1名防守队员背对站在防守起始点上，1名进攻队员运球靠近防守队员后，选择一侧的终点线并迅速带球通过，防守队员随即进行追赶，直至进攻队员通过终点线。

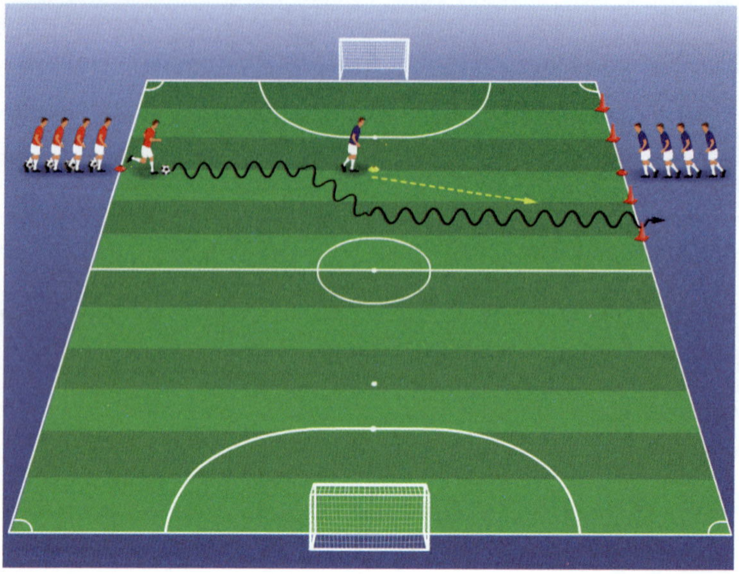

图 4-18

（2）得分

进攻队员通过终点线得1分，防守队员在终点线前触碰到进攻队员得1分。

（3）变化

调整终点线的位置，越靠近端线的中间进攻难度越大。

（4）技术指导要点

① 注重进攻队员变向后的加速能力，不需要有二次变向，一旦选择一个方向后，全力加速通过；

② 防守队员尽可能地打开两侧的视野，以便能尽快察觉到进攻队员的位置；

③ 防守队员需要迅速做出反应和快速启动。

（5）教育指导要点

① 保持专注与警惕性；

② 自信心：坚决果断，一旦选择一个方向后，全力加速通过；

③ 教练不断提醒和鼓励，激发学生锻炼动机。

4. 抓住时机运球

教学目标： 提高队员运球变向和变速以及快速突围的能力。

教育目标： 提高自信心和激发锻炼动机。

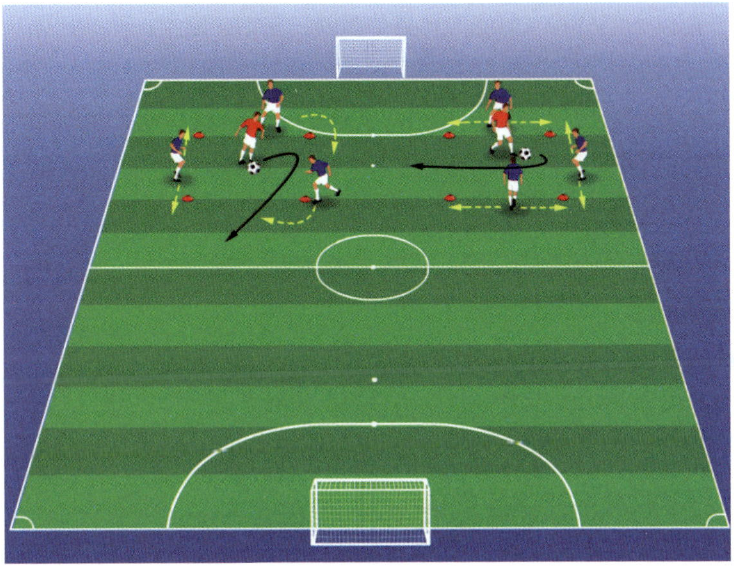

图 4-19

（1）组织方式

场 地	每组场地大小为长6米，宽6米。
人 员	8人，4人一组，分两组。
器 材	球、标志盘，标志服若干。
方 法	① 每组1名持球队员和3名防守队员，持球队员站在区域中间，防守队员站在区域边线； ② 防守队员可以在所有边线上随意移动，目的是阻止持球队员离开区域； ③ 始终有一条边线是无人防守的，持球队员抓住时机快速运球突围； ④ 突围成功后在10秒内回到区域中间继续开始，1～2分钟后轮换持球人，直至所有人都被轮换。

（2）得分

运球突破区域一次得1分。

（3）变化

① 把球放在离一方队员更近一些的位置，使其更容易获得球权；

② 改变起动前的姿势（侧向、背身、俯卧、原地小碎步、前滚翻等）。

（4）技术指导要点

① 运球时要有方向和速度的变化，并且对球保持控制，运用假动作迷惑对手；

② 队员时刻保持观察，评估可用空间，随后选择突围路线；

③ 发现漏洞后，抓住时机快速运球突围；

④ 防守队员注意力集中，相互沟通，积极移动。

（5）教育指导要点

① 自信心：坚决果断，一旦选择一个方向后，全力加速通过；

② 防守学生保持专注与警惕性，相互协作和沟通；

③ 教练不断提醒和鼓励，激发学生锻炼动机。

5. 正面夺球攻门

教学目标：提高队员加速，减速（制动）以及运球变向和变速的能力。

教育目标：提高自信心和激发锻炼动机。

（1）组织方式

场　地	长40米，宽25米。
人　员	10人，5人一组，分两组。
器　材	球一个，小球门4个。
方　法	① 将队员分成两组，每组分别站于底线，每条底线上设置两个小球门； ② 开始前一名队员先把球放在区域中心，再回到起点并与一名对方队员等待开始； ③ 当看到教练的开始手势（或指令）时，两名队员迅速跑向前争夺球，获得球权的队员把球踢进对方的任一小球门，无球队员进行防守，防守抢断后则进攻对方球门。

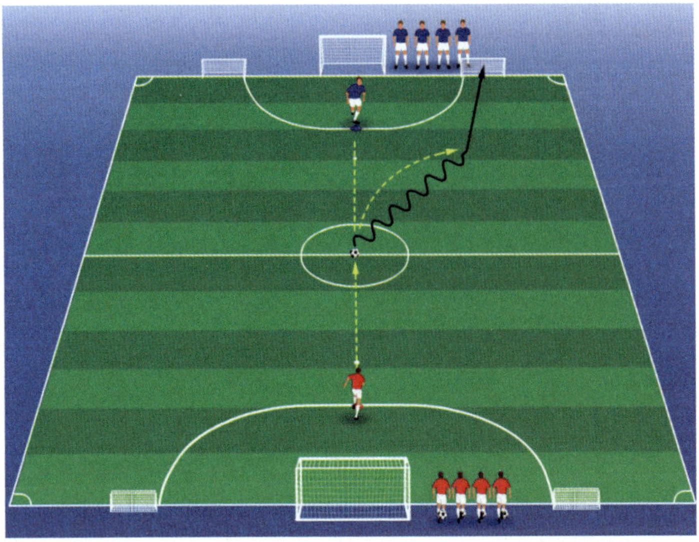

图 4-20

（2）得分

射进球门得1分。

（3）变化

① 把球放在离一方队员更近一些的位置，使其更容易获得球权；

② 由一方队员决定开始，另一方队员看到对方启动时也迅速启动；

③ 改变启动方式（侧向启动、转身启动、坐姿启动、原地小碎步启动等）。

（4）技术指导要点

① 除了启动和加速很重要之外，减速（制动）也很关键，尤其在冲刺后的第一次防守时；

② 若冲刺后明显能获得球权，并且对方也在处于加速中，触球时应利用之前的加速度，使用一次触球即完成变向和加速过掉防守人；

③ 若冲刺后明显不能获得球权，应在适当的距离减速以防被对方直接过掉。

（5）教育指导要点

① 在高速中根据对手进行变向和加减速，考验学生快速感知和决策能力；

② 自信心：坚决果断，勇于向前突破；

③ 教练不断提醒和鼓励，激发学生锻炼动机。

四 结合球的灵敏练习方法

1. 灵敏结合1V1突破练习

教学目标： 提高队员的灵敏以及协调反应能力。

教育目标： 培养学生坚持不懈的优秀品质和参与足球活动的热情。

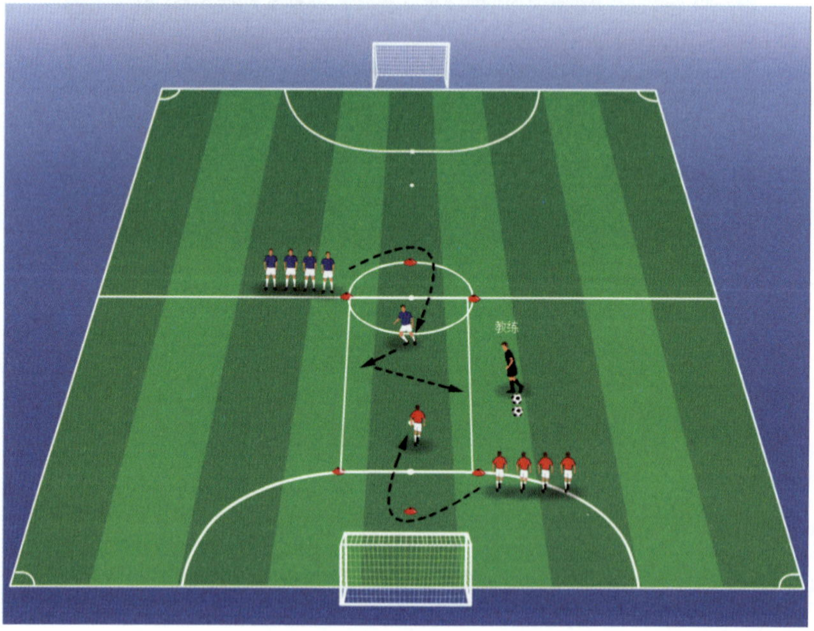

图 4-21

（1）组织方式

难　度	★★
场　地	约长15米，宽10米。
人　员	将队员按水平平均分为两队，一队红队，一队蓝队。
器　材	标志盘6个，球若干。
方　法	① 将队员按人数分为两组，绕过标志盘进入区域； ② 进攻队员要在区域内不被防守队员触碰到的情况下到达对面底线； ③ 双方持球后，防守方要在控制好自己球的情况下破坏进攻方的球，并阻止对方到达本方底线。

（2）要求

① 进攻队员需要在8秒内完成突破；

② 若被触碰到进攻队员，视为防守成功；

③ 防守队员将被破坏出界，则视为防守成功。

（3）得分

① 进攻队员越过对方底线得1分，防守队员防守成功得1分；

② 以团队进行计分，练习结束后，总得分高的队伍获胜。

（4）变化

① 可根据完成情况将练习改为有球进行（如双方都运球或只有进攻方运球）；

② 进攻方队员都完成练习后转为防守方，防守方转为进攻方。

（5）技术指导要点

① 进攻队员重心降低，注意变速变向，利用节奏变换突破防守队员；

② 鼓励队员使用假动作进行突破，观察防守队员的站位和重心；

③ 动作之间连贯舒展，突破后加速摆脱防守队员。

（6）教育指导要点

① 通过不断的练习，培养学生坚韧不拔的意志品质；

② 引导学生主动思考的能力，敢于做出尝试；

③ 突破时要坚定、果敢，相信自己一定可以突破成功，培养体育热情。

2. 灵敏训练结合传球练习-1

教学目标：提高队员的灵敏以及传球能力。

教育目标：培养学生坚持不懈的精神，建立一定的团队协作能力。

（1）组织方式

难　度	★★★
场　地	约长20米，宽15米。
人　员	10名队员。
器　材	标志盘若干，球若干，跨栏4个，标志桶1个，绳梯1个。

方法	① 将队员按人数平均分为两组，一组队员负责传球，另一组队员进行练习。 ② 进行练习的队员从标志桶开始如图4-22所示依次进行练习。完成绳梯练习后，跑向标志盘处接另一组队员传球并依次回传球。 ③ 完成传球慢跑回到标志桶处进行恢复调整。持续练习3分钟，间歇时间1分钟。共进行3组，每组8分钟。

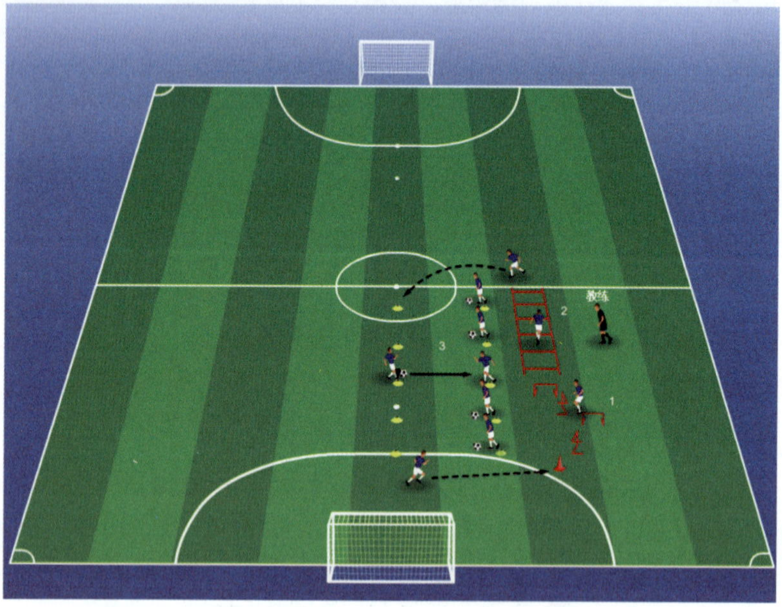

图 4-22

（2）技术指导要点

① 教练动作的示范及讲解，用自己的动作示范去引导队员尽可能地模仿动作，指明动作大概要领，待队员熟悉动作后，指导动作细节；

② 强调队员练习动作的规范性，提醒队员专注于练习内容和练习目的；

③ 提高传球质量，强调传球的稳定性，力度和方向。

（3）教育指导要点

① 提高同伴团队沟通交流协作能力；

② 通过不断的练习，培养学生坚韧不拔的意志品质；

③ 引导学生主动思考；

④ 建立学生的自信心，培养体育热情。

3. 灵敏训练结合传球练习-2

教学目标： 提高队员的灵敏度以及短传球能力。

教育目标： 培养学生坚韧不拔的品格。

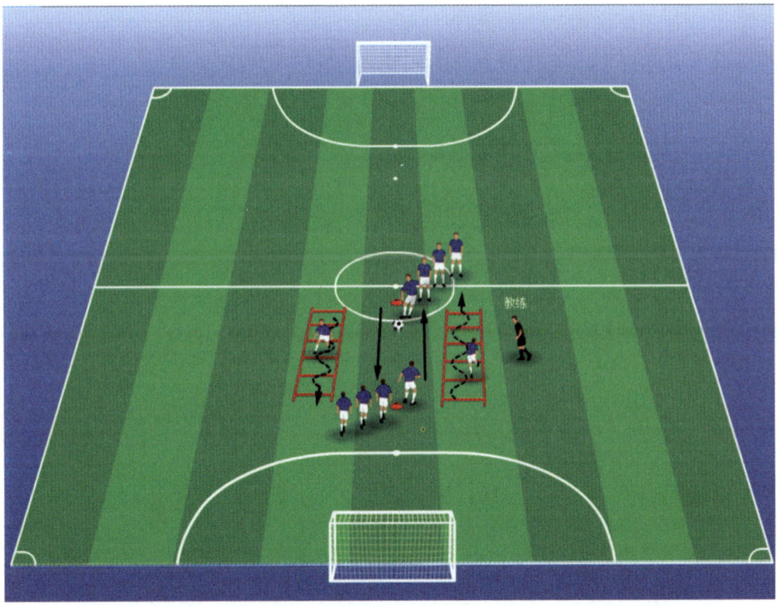

图　4-23

（1）组织方式

难　度	★★★
场　地	约长20米，宽10米。
人　员	10名队员。
器　材	标志盘两个，球1个，绳梯两个。
方　法	① 将队员按人数平均分为两组，分别站在两侧标志盘位置进行传球； ② 传球后跑向右手边方向的绳梯进行移动，做高抬腿、交叉步等练习； ③ 完成后慢跑到另一侧队员后依次轮转循环。

（2）技术指导要点

① 教练员动作的示范及讲解，注意身体朝向，降低重心去完成动作；

② 强调队员练习动作的规范性，通过重复练习去提高技能水平；

③ 提高传球质量，传球的角度、力度和准确性；

④ 保证动作标准的前提下提高动作频率。

（3）教育指导要点

① 提高同伴团队沟通交流协作能力；

② 通过不断的练习，培养学生坚韧不拔的意志品质；

③ 引导学生主动思考；

④ 建立学生的自信心，培养体育热情。

4. 灵敏训练结合接球练习

教学目标：提高队员的灵敏性以及接球能力。

教育目标：培养学生顽强拼搏的精神。

图 4-24

（1）组织方式

难 度	★★★
场 地	约长20米，宽12米。

人　员	10名队员。
器　材	标志盘6个，球3个，标志杆4个，人墙道具1个，绳梯1个。
方　法	① 队员从标志盘出发先至绳梯处开始练习； ② 到与外侧标志盘平行处移动至标志盘接同伴回传球，分别用左右脚脚弓回传给同伴； ③ 绳梯部分完成后则快速移动绕过标志杆并上前接球并回传球； ④ 最后一名传球队员传球后慢跑回起点，原先接球队员变为传球队员并进行轮转。

（2）变化

① 练习动作变化，将脚弓垫球改为脚背垫球、头顶球和大腿停球等方式；

② 改变接球方式，由原先接地滚球改为半高球、高空球和弹跳球。

（3）技术指导要点

① 教练员动作的示范及讲解，在动作正确的基础上提高动作的频率和节奏变换；

② 强调队员练习动作的规范性，需要明确在练习部分动作速度和位移速度的要求；

③ 提高传球质量，注意传球的准确性、力度和角度；

④ 同伴间相互呼应，提高相互合作，建立默契。

（4）教育指导要点

① 提高同伴团队沟通交流协作能力；

② 通过不断的练习，培养学生坚韧不拔的意志品质；

③ 引导学生主动思考；

④ 建立学生的自信心，培养体育热情。

5. 灵敏训练结合运球练习

教学目标：提高队员的灵敏以及运球变向能力。

教育目标：提高学生对足球的理解。

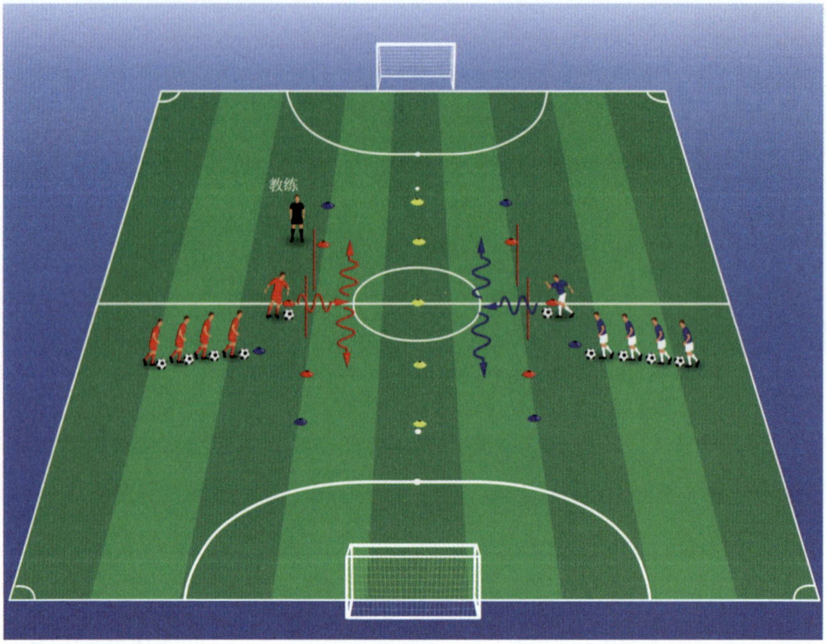

图 4-25

（1）组织方式

难 度	★★★
场 地	长20米，宽12米。
人 员	10名队员。
器 材	标志盘13个，球10个，标志杆4个。
方 法	① 将队员按人数平均分为两组，分别站在两侧起始位置； ② 一方队员从标志杆之间运球进入本方区域进行运球，任意选择两侧进攻方向，在对方队员运球越过两侧并在运球过两侧近端线之前到达远端线即为得分，另一方队员在对方到达远端线之前到达同侧近端线即为得分； ③ 以团队进行计分，练习结束后总得分高的队伍胜出。

（2）要求

① 10秒内进攻队员无法摆脱防守队员即为进攻失败，防守方得1分；

② 进攻队员在防守队员先到达同侧近端底线的情况下先到达同侧远端底线，视为进攻成功，进攻方得1分。

（3）变化

① 练习方式变化，由原先的无球练习转为双方有球练习；

② 人员进行轮换，也可以根据队员水平选择练习对手。

（4） 技术指导要点

① 抬头观察对方动作，并尝试对对手做出预测；

② 利用假动作去欺骗对手，尝试利用速度和方向上的变换去摆脱对手，避免始终用相同的速度去运球，摆脱后加速带球运球越过底线；

② 重心降低，脚下频率要快，动作之间衔接连贯舒展。

（5）教育指导要点

① 提高学生对足球的理解，扩展学生对足球的认知，在运动中培养体育兴趣；

② 通过不断的练习，培养学生坚韧不拔的意志品质；

③ 引导学生主动思考问题的能力，鼓励学生做出多种尝试；

③ 建立学生的自信心，突破时要坚定果敢，相信自己一定可以。

第五章

其他小型比赛设计

一 其他小型比赛说明

本书以五人制比赛为基础，分五章介绍了校园足球五人制的相关理论知识并为体育教师提供了包含技战术及体能练习在内的丰富的练习方法。但是，对于校园足球的参与者，尤其是年龄较小的学生来说，其他类型的小型比赛依然是不可或缺的。如果体育教师能够安排多种小型比赛供学生参与，对学生参与足球、热爱足球、提高足球技术会有更多的帮助。

其他小型比赛可以按照人数分为1V1小型比赛、2V2小型比赛、3V3小型比赛以及4V4小型比赛。这些小型比赛相对于五人制足球比赛来说，大都不设置守门员采用小球门。同时，随着制造业的进步，出现了安全便携的场地围挡（见图5-1）。这丰富了小型比赛的形式，使得小型比赛更加丰富有趣，可以锻炼学生的运动能力。

图 5-1 围挡场地示意图

不同类型的小型比赛对于不同年龄的学生有着各自的价值，尤其是对于年龄较小的学生来说，小型比赛，尤其是1V1、2V2的小型比赛更适合他们。而对于年龄稍长的学生参与3V3和4V4的小型比赛则更可以使其有所收获。

1V1的小型比赛场地较小，采用小球门，因此其主要目的并非考验学生的射门能力，而是需要学生在较小的场地中利用学过的技术，完成对对手的突破。学生需要在比赛中观察对手的动作，抓住时机，完成突破、防守或反抢。1V1能力是足球场上为球队获得优势的基础，在青少年阶段就应该重视其1V1能力的培养。尽管1V1小型比赛主要考验的是学生的突破能力，但突破能力本身也是对技术的综合运用，是较小年龄的学生综合展现其所学技术的一次机会。这种1V1比赛可以帮助学生运用已掌握技术的组合。另外，1V1比赛不同于个人突破练习，1V1比赛需要学生拥有更加综合的能力，需要学生进行防守和转换。经过1V1比赛的练习，学生会感受到防守技术的重要性及就地反抢的重要性，学生在今后的练习中，进行防守及转换练习时会更有心得且会更加认真。如果有条件进行有围挡的1V1比赛，还可能帮助学生领悟战术运用的时机。在无法完成突破时，带有弹力的围挡可以帮助其进行墙式配合，学生如果能意识到这点，1V1比赛就可以帮助学生提高其决策能力。

2V2的比赛则在1V1比赛的基础上增加了配合呼应练习。在2V2的比赛中一方面需要学生充分发挥自己的技术特点，通过个人能力突破对手；另一方面，需要学生在无法完成突破时，选择合适的时机与方式，利用跑动和配合完成对对手的突破。在防守时，需要队友间的呼应与配合，形成对彼此的保护。另外，2V2小型比赛也同样存在转换的因素。2V2的转换更考验队友间的默契配合，转换的反应要更加迅速。比起1V1比赛的单打独斗，2V2比赛中，守转攻时，需要同伴之间的跑动接应；攻转守时，则要根据被断球同伴的位置进行决策，被断球的队友也要根据同伴的选择做出相应的判断。总而言之，2V2的比赛涉及两人之间的小组攻方配合，这就比1V1比赛的难度上升了一个档次。但是，2V2的小型比赛涉及的战术和决策相较于五人制或3V3、4V4的小型比赛更简单，决策的难度相对较低，是低年龄段的学生可以接受的。并且，只有通过2V2建立战术意识、磨炼战术行为、打好基础，才能在今后更复杂的比赛中进一步提高。

3V3、4V4的比赛，涉及更多的战术配合与呼应策应。现代足球，不管是五人制还是十一人制，都强调三人之间呈三角站位的小组配合，而3V3比赛重点锻炼的就是三人之间通过配合跑位形成三角站位进行配合的攻方以及转换能力。而4V4比赛，则形成了菱形站位，需要学生建立阵型意识。并且，3V3和4V4的比赛在器材选用上，既可以选择小球门，也可以选择五人制球门并设置守门员，亦侧重练习学生的不同能力。设置守门员与五人制球门的比赛更有助于学生适应从小型比赛向五人制比赛的过渡，建立射门的意识、进行射门的决策并提高射门的能力。

综上所述，本文在练习方法后，提供了其他小型比赛的设计方法，供学校及教师参考。这些比赛侧重锻炼和提高学生不同的能力，并且不同形式的比赛之间存在着流畅的过渡，帮助学生体会练习的内容，提高将练习中学到的技战术真正付诸实践的能力。值得关注的是，这些小型比赛往往不作为正式比赛的方案，而多用于练习的丰富和补充，因此，比赛中不用过分纠结犯规以及程序性的事务，而要保持比赛的流畅性。比如，犯规后可允许队员快速传球，甚至直接运球，这些处理方法在后面的比赛方法中都会给出。教师应该活用这些比赛规则，将其穿插在练习当中，以提高练习的趣味性，获得更好的练习效果。

二 1V1小型足球比赛

1. 1V1比赛-1

教学目标：提高队员1V1能力。

教育目标：提高学生的自信心、耐心、责任感和团队荣誉感。

图 5-2

（1）组织方式

难　度	★★
场　地	长15米，宽20米。
人　员	将学生按水平平均分为两队，一队红色，一队蓝色。
器　材	分队服若干，标志桶10个，球若干。

（2）规则

① 红色标志桶是进攻方起点，防守方可在小禁区内任意选择作为起始点；

② 蓝色标志桶组成两个球门，哨声响后，进攻方出发进攻两个球门中的任意一个；

③ 防守方尝试夺回球权，进攻任意一个红色标志桶摆成的球门。

（3）变化

① 进攻发起点按照如图5-2所示的顺序依次变化；

② 每个进攻起点进攻方每名球员进行4次，完成后换下一个进攻起点，所有进攻起点都完成后攻守双方转换。

（4）得分

① 进攻方将球踢进任意一个球门得2分；

② 防守方破坏球不得分，抢下球后将球打入对方球门得2分；

③ 所有的比赛结束后比较两队的总得分，对总得分高的队伍进行奖励。

（5）技术指导要点

① 重心降低，触球频率要高；

② 注意做假动作的时机，在距离防守者一臂间隔时完成假动作；

③ 注意身体朝向和眼神沟通，要有欺骗性；

④ 动作与动作之间要连贯；

⑤ 突破后加速摆脱；

⑥ 防守时注意力放在球上，重心降低，侧身站位，不要轻易被对方假动作欺骗；

⑦ 防守时注意用身体给对手施压；

⑧ 防守时注意选位，封堵对手射门角度。

（6）教育指导要点

① 自信心：突破时要果断坚定，相信自己一定可以突破成功；

② 耐心：耐心观察，队员出现因不耐心导致失误时教练应对队员进行指导，鼓励其耐心寻找机会；

③ 团队精神：以团队的方式积分，要批评不积极的行为，这是不利于团队的做法，鼓励队员为了团队的荣誉而努力；

④ 责任感：强调个人的每一次成功防守和进攻对于团队的重要意义，鼓励其勇于承担责任。

2. 1V1比赛-2

教学目标：提高队员假动作连贯性、欺骗性和背身拿球转身能力。

教育目标：提高学生的自信心、耐心、责任感和团队荣誉感。

图 5-3

（1）组织方式

难 度	★★★
场 地	长15米，宽15米。
人 员	将学生按水平平均分为两队，一队红色，一队蓝色。
器 材	分队服若干，标志盘20个，标志桶4个，球若干，球门两个。

（2）规则

如图5-3足球场下半场所示：

① 两队各派一人进行区域内1V1+2GK比赛；

② 起始位置在本方半场任意位置；

③ 每一轮所有队员都需要上场，上场顺序可以变化；

④ 开始时由同队队员供球，将球传给同队发起进攻，一轮比赛结束后换另一队发动起始进攻（教练将球传给另一队）；

⑤ 球出界由对方守门员发球，守门员除发球外不可参与进攻；

⑥ 过半场才可以射门；

⑦ 每回合比赛持续1分钟，每轮比赛4回合，共进行6轮比赛。

（3）得分

① 进球得分；

② 以团队进行计分，所有比赛结束后，总得分高的队伍获胜，并获得奖励；

条件允许可改为笼式足球1V1（如图5-3足球场上半场所示），去掉守门员，标志盘为笼壁，标志桶为球门。

（4）技术指导要点

① 重心降低，触球频率要高；

② 注意做假动作的时机，在距离防守者一臂间隔时完成假动作；

③ 注意身体朝向和眼神交流，要有欺骗性；

④ 动作与动作之间要连贯；

⑤ 突破后加速摆脱；

⑥ 防守时注意力放在球上，重心降低，侧身站位，不要轻易被对方假动作迷惑；

⑦ 防守时注意用身体给对手施压；

⑧ 防守时注意选位，封堵对手射门角度。

（5）教育指导要点

① 自信心：突破时要果断坚定，相信自己一定可以突破成功；

② 耐心：耐心观察，出现因不耐心导致的失误时应对队员进行指导，鼓励其耐心寻找机会；

③ 团队精神：以团队的方式积分，要批评不积极的行为，这是不利于团队的做

法，鼓励队员为了团队的胜利而不是自己的胜利而努力；

④ 责任感：强调个人的每一次成功防守和进攻对于团队的重要意义，鼓励其勇于承担责任。

三 2V2小型足球比赛

1. 2V2小型比赛-1

教学目标： 提高队员在比赛中合理运用技术的能力。

教育目标： 让学生在比赛中保持高昂的斗志，学会应对比赛中的各种问题。

（1）组织方式

场 地	长20米，宽10米。
人 员	8人，2人一组，分4组。
器 材	球、标志盘、小球门若干。
方 法	① 使用围栏足球场地进行2V2的比赛，两个场地4支队伍同时开始； ② 采用双循环赛制的方式，胜者得3分，平局两队各得1分，负者不得分，比赛结束以积分多少决定最终排名。

图 5-4

（2）规则

① 每场比赛时间5分钟，不设置上下半场。

② 球碰到围栏不算出界，若球从边线跃出围栏，则在跃出位置发界外球；若跃出球门线，则发球门球或角球。

③ 其余内容参照《五人制足球竞赛规则》。

（3）其他

若没有围栏足球场地，则按照常规场地进行。

（4）技术指导要点

① 鼓励进攻队员大胆进行1V1突破；

② 引导队员利用场地空间，积极跑位，形成局部2V1。

（5）教育指导要点

① 多鼓励，使学生建立自信心；

② 遵守规则，尊重对手；

③ 老师不需要过多参与，让学生在规则下自主进行。

2. 2V2小型比赛-2

教学目标：提高队员在比赛中合理运用技术的能力。

教育目标：让学生在比赛中保持高昂的斗志，学会应对比赛中的各种问题。

图　5-5

（1）组织方式

场 地	长20米，宽10米。
人 员	8人，2人一组，分4组。
器 材	球、标志盘、小球门若干。
方 法	① 使用围栏足球场地，两支队伍进行比赛，另外两支队伍在场外休息。 ② 采用擂台赛的方式，负者下场，第三支队伍与胜者进行比赛，依此类推若规定时间内平局则两队都下场，另外两支队伍上场比赛。 ③ 可采用1球决胜负或先进两球的队伍获胜。 ④ 胜者得3分，平局两队各得1分，负者不得分；比赛结束以积分多少决定最终排名。

（2）规则

① 每场比赛时间5分钟，不设置上下半场。

② 球碰到围栏不算出界，若球从边线跃出围栏，则在跃出位置发界外球；若跃出球门线，则发球门球或角球。

③ 其余内容参照《五人制足球竞赛规则》。

（3）其他

① 若没有围栏足球场地，则按照常规场地进行；

② 新增一个穿裆（球穿过对手两腿之间）得分的规则，大大提高队员的积极性和趣味性。

（4）技术指导要点

① 鼓励进攻队员大胆进行1V1突破；

② 多使用控球技术，包括花式动作。

（5）教育指导要点

① 鼓励学生在规则允许的范围内做任何动作，发挥创造性；

② 遵守规则，尊重对手；

③ 老师不需要过多参与，让学生在规则下自主进行。

3. 2V2小型比赛-3

教学目标：提高队员在比赛中合理运用技战术的能力。

教育目标：让学生在比赛中保持高昂的斗志，学会应对比赛中的各种问题。

（1）组织方式

场 地	长20米，宽15米。
人 员	8人。
器 材	球、标志盘、小球门若干。
方 法	① 在区域两端线上各放置两个1米宽的小球门，在区域内进行2V2+4球门的比赛，每队防守两个小球门； ② 采用双循环赛制的方式，胜者得3分，平局两队各得1分，负者不得分，比赛结束以积分多少决定最终排名。

图 5-6

（2）规则

比赛时间共10分钟，上下半场各5分钟，中场休息1分钟；其余内容参照《五人制足球竞赛规则》。

（3）技术指导要点

① 鼓励进攻队员大胆进行1V1突破；

② 引导队员利用场地空间，积极跑位；

③ 充分利用多个球门，在一侧进攻困难时，可转移到另一侧。

（4）教育指导要点

① 多鼓励，使学生建立自信心；

② 遵守规则，尊重对手；

③ 老师不需要过多参与，让学生在规则下自主进行。

四 3V3小型足球比赛

1. 3V3小型足球比赛-1

教学目标：提高队员快速由攻转守、由守转攻的能力。

教育目标：提高学生的自信心、耐心、责任感和团队荣誉感。

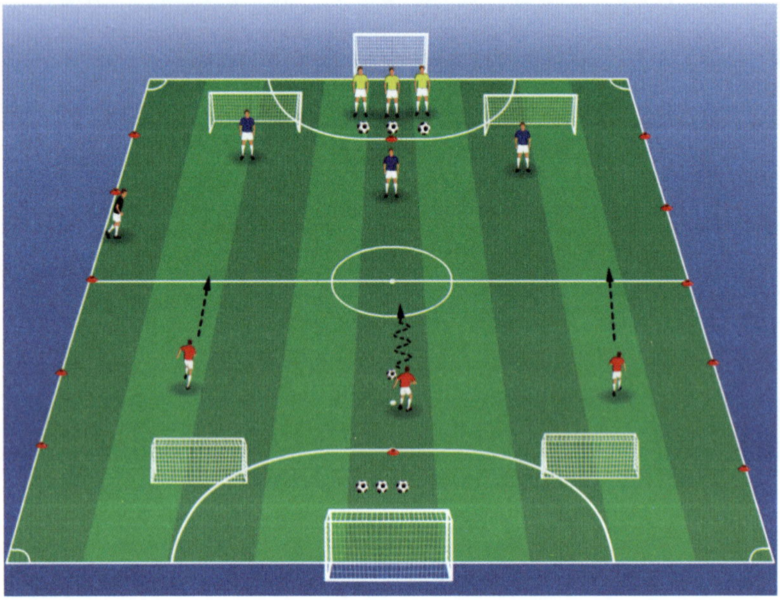

图 5-7

（1）组织方式

场 地	长30米，宽25米。
人 员	将学生按水平平均分为三队，一队红色，一队蓝色，一队黄色。
器 材	三种颜色的分队服若干，标志盘12个，球若干，球门4个。

方　法	① 三人一组，分为三队，进行循环比赛； ② 两队起始位置为距离本方底线3米位置； ③ 开始时由一方持球进攻，目标将球踢进对方两个球门内，进攻方将球踢进后，立刻转换为防守方，场下轮换队伍持球进攻； ④ 若进攻队员被防守方断球，则攻守转换； ⑤ 过半场才可以射门； ⑥ 每回合比赛持续5分钟，共比赛3个回合。

（2）得分

① 进攻方进球得1分，防守方完成抢断进球得2分，进攻方反抢球权后仍视为原进攻方；

② 以团队进行计分，3个回合累计得分最高的队伍获胜，单回合得分最高的队伍和获胜队伍都获得不同奖励。

（3）技术指导要点

① 持球队员快速带球向前，并观察队友位置，不能一味地低头看球；

② 无球进攻队员快速拉开、积极前插创造接球空间，不能和持球队员挤在一起；

③ 进攻队员大胆突破，眼神要具有欺骗性，不能让防守队员简单识破；

④ 接球队员注意接球时身体的朝向和对队友位置的识别；

⑤ 防守队员压迫的速度要快，果断；

⑥ 防守队员注意压迫、平衡、保护队员的角度与距离；

⑦ 防守队员要注意盯人与盯位的原则，要具备识别对手欺骗性行为的能力；

⑧ 注意封堵传球的路线和射门的角度。

（4）教育指导要点

① 自信心：接球、突破和传球时要果断坚定，相信自己一定可以突破成功；

② 机敏果断：做决策要果断，即使做错了也不要怕，留给自己试错的机会；

③ 耐心：没有进攻机会保持控球权，冷静寻找机会，让对手先失误；

④ 团队精神：以团队的方式积分，要批评不积极的行为，这是不利于团队的做法，鼓励队员为了团队的胜利而不是自己的胜利而努力；

⑤ 责任感：强调个人的每一次成功防守和进攻对于团队的重要意义，鼓励其勇于承担责任。

2. 3V3小型足球比赛-2

教学目标：提高队员快速进攻的能力。

教育目标：提高学生的自信心、耐心、责任感和团队荣誉感。

图 5-8

（1）组织方式

场 地	长25米，宽25米。
人 员	将学生按水平平均分为两队，一队红色，一队蓝色。
器 材	标志盘15个，球若干，两个小球门，分队服若干。
方 法	① 进攻队员和防守队员同时出发； ② 防守队员从球门线出发，进攻队员从距离球门线8米的粉色标志盘处出发； ③ 球出界，双方回到位置重新开始； ④ 球进门即为本次进攻结束； ⑤ 每次进攻结束都需要队员回到初始位置； ⑥ 每回合时间过半可进行队员轮换； ⑦ 每回合比赛持续10分钟，共比赛两个回合，第二回合攻守转换。

（2）得分

① 进球得1分；

② 以团队进行计分，两个回合累计得分最高的队伍获胜。

（3）技术指导要点

① 持球队员背身拿球提前观察，并确定队友和防守队员位置，不能一味低头看球；

② 无球进攻队员时刻呼应提醒持球队员可能出现的危险；

③ 持球队员与无球队员积极配合，尽可能多地一脚触球，不能盲目转身，丢失球权；

④ 接球队员注意接球时身体的朝向和对队友位置的识别；

⑤ 防守队员压迫的速度要快，果断；

⑥ 防守队员注意压迫、平衡、保护队员的角度与距离；

⑦ 防守队员要注意盯人与盯位的原则，要具备识别对手欺骗性行为的能力；

⑧ 注意封堵传球的路线和射门的角度。

（4）教育指导要点

① 自信心：持球、接球、突破和传球时要果断坚定，相信自己一定可以突破成功；

② 机敏果断：做决策要果断，即使做错了也不要怕，留给自己试错的机会；

③ 耐心：没有进攻机会保持控球权，冷静寻找机会，让对手先失误；

④ 团队精神：以团队的方式积分，要批评不积极的行为，这是不利于团队的做法，鼓励队员为了团队的胜利而不是自己的胜利而努力；

⑤ 责任感：强调个人的每一次成功防守和进攻对于团队的重要意义，鼓励其勇于承担责任。

五 4V4小型足球比赛

1. 4V4小型足球比赛-1

教学目标：提高队员个人/小组进攻、防守能力。

教育目标：提高学生的团队协作能力、自信心、耐心、责任感。

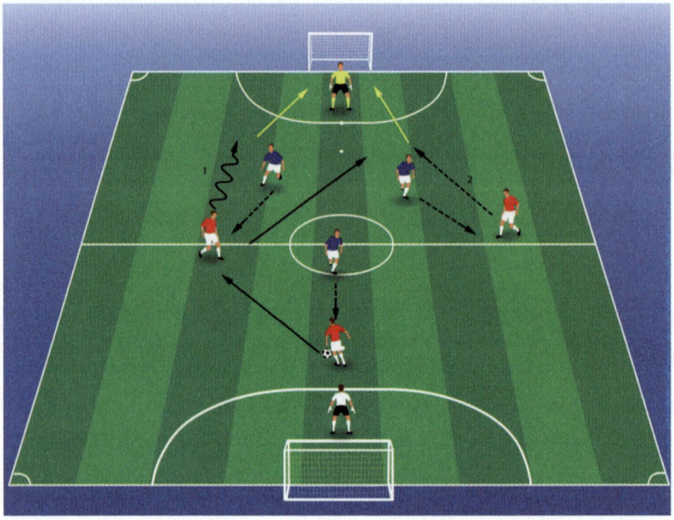

图 5-9

（1）组织方式

场 地	长30米，宽18米。
人 员	将学生按水平平均分为两队，一队红色，一队蓝色。
器 材	分队服若干，球若干，球门两个。
方 法	① 在区域内进行3V3+2GK的比赛，双方起始位置为各自本方半场； ② 开始时掷硬币决定发球权，一轮比赛结束后换另一队发球； ③ 守门员可以参与球队进攻； ④ 过中场线后才可以射门，且除守门员之外的所有队员需越过中场线； ⑤ 每轮比赛持续10分钟，共进行4轮比赛。

（2）得分

① 进球得分；

② 以团队进行计分，所有比赛结束后，总得分高的队伍获胜，并获得奖励。

（3）技术指导要点

① 就近的防守队员要迅速对持球队员进行压迫；

② 防守队员之间要有呼应，封锁持球队员的传球路线；

③ 同一区域内的同队队员要选择合适的接应角度与接应时机；

④ 鼓励持球队员在对方半场大胆进行1V1突破；

⑤ 进攻队员利用传球牵制防守队员，无球进攻队员要通过战术行为给同伴创造传球选择。

（4）教育指导要点

① 自信心：勇于利用假动作、节奏变化等大胆突破，给予自己积极的心理暗示；

② 耐心：控制节奏，镇静且合理地进行决策，在传球及跑动中寻求与队友的配合；

③ 团队精神：以团队的方式积分，对消极防守、丢球后不反抢等行为提出批评，这是不利于团队的做法，鼓励队员为了团队的胜利而不是自己的胜利而努力；

④ 责任感：强调个人的每一次传球、跑动等战术行为对于整个团队的重要性，鼓励学生失误后勇于承担责任。

2. 4V4小型足球比赛-2

教学目标：提高队员个人/小组进攻、防守能力。

教育目标：提高学生的团队协作能力、自信心、耐心、责任感。

（1）组织方式

场　地	长30米，宽18米。
人　员	将学生按水平平均分为两队，一队红色，一队蓝色。
器　材	分队服若干，球若干，球门两个。
方　法	① 两队各派4人进行区域内4V4比赛； ② 双方起始位置为各自本方半场； ③ 开始时掷硬币决定发球权，一轮比赛结束后换另一队发球； ④ 所有队员都要参与进攻和防守； ⑤ 过中场线后才可以射门，且得分时所有队员需越过中场线； ⑥ 每轮比赛持续10分钟，共进行4轮比赛。

（2）得分

① 将球打进两侧的球门得分。

② 以团队进行计分，所有比赛结束后，总得分高的队伍获胜，并获得奖励。

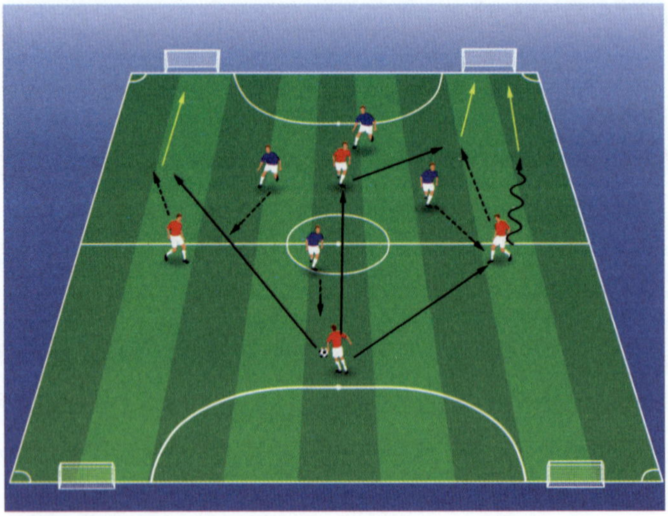

图 5-10

（3）技术指导要点

① 防守时注意整体移动，采用盯人与区域防守，就近的防守队员要迅速对持球队员进行压迫，其他队员进行盯人以及保护；

② 防守队员之间要有呼应，在整体移动的同时封锁持球队员的传球路线；

③ 进攻时，同一区域内的队员要选择合适的接应角度与接应时机；

④ 鼓励持球队员在对方半场大胆进行1V1突破；

⑤ 进攻队员利用传球牵制防守队员，无球进攻队员要通过战术行为给同伴创造传球选择。

（4）教育指导要点

① 自信心：勇于利用假动作、节奏变化等大胆突破，给予自己积极的心理暗示；

② 耐心：控制节奏，快速合理地进行决策，在传球及跑动中寻求与队友的配合；

③ 团队精神：以团队的方式积分，对消极防守、丢球后不反抢等行为提出批评，这是不利于团队的做法，鼓励队员为了团队的胜利而不是自己的胜利而努力；

④ 责任感：强调个人的每一次传球、跑动等战术行为对于整个团队的重要性，鼓励学生失误后勇于承担责任。